国家数字图书馆工程标准规范成果

国家图书馆电子图书元数据规范和著录规则

郑巧英　梁蕙玮　陈幼华　主编

国家图书馆出版社

图书在版编目(CIP)数据

国家图书馆电子图书元数据规范和著录规则/郑巧英,梁蕙玮,陈幼华主编. —北京:国家图书馆出版社,2013.8

(国家数字图书馆工程标准规范成果)

ISBN 978 - 7 - 5013 - 5128 - 2

Ⅰ.①国… Ⅱ.①郑… ②梁… ③陈… Ⅲ.①中国国家图书馆—电子图书—数据管理—规范 ②中国国家图书馆—电子图书—著录规则 Ⅳ.①G255.75 - 65

中国版本图书馆 CIP 数据核字(2013)第 138898 号

责任编辑:高 爽 王炳乾

书名 国家图书馆电子图书元数据规范和著录规则

著者 郑巧英 梁蕙玮 陈幼华 主编

出版 国家图书馆出版社(100034 北京市西城区文津街 7 号)

(原北京图书馆出版社)

发行 010 - 66114536 66126153 66151313 66175620

66121706(传真) 66126156(门市部)

E-mail btsfxb@ nlc. gov. cn(邮购)

Website www. nlcpress. com→投稿中心

经销 新华书店

印刷 北京科信印刷有限公司

开本 787 × 1092(毫米) 1/16

印张 6

版次 2013 年 8 月第 1 版 2013 年 8 月第 1 次印刷

字数 50 千字

书号 ISBN 978 - 7 - 5013 - 5128 - 2

定价 58.00 元

《国家数字图书馆工程标准规范成果》丛书编委会

本书编委会

主编：郑巧英　梁蕙玮　陈幼华

编写：彭　佳　王绍平　张　洁　曲建峰　李　芳　萨　蕾
王　洋　刘晓玲　刘　峥　槐　燕　肖　红　王文玲

总　　序

数字图书馆涵盖多个分布式、超大规模、可互操作的异构多媒体资源库群，面向社会公众提供全方位的知识服务。它既是知识网络，又是知识中心，同时也是一套完整的知识定位系统，并将成为未来社会公共信息的中心和枢纽。数字图书馆建设的最终目标是实现对人类知识的普遍存取，使任何群体、任何个人都能与人类知识宝库近在咫尺，随时随地从中受益，从而最终消除人们在信息获取方面的不平等。“国家图书馆二期工程暨国家数字图书馆工程”是国家“十五”重点文化建设项目，由国家图书馆主持建设，其中国家数字图书馆工程的建设内容主要包括硬件基础平台、数字图书馆应用系统和数字图书馆标准规范体系。

标准规范作为数字图书馆建设的基础，是开发利用与共建共享资源的基本保障，是保证数字图书馆的资源和服务在整个数字信息环境中可利用、可互操作和可持续发展的基础。因此，在数字图书馆建设中，应坚持标准规范建设先行的原则。国家数字图书馆标准规范体系建设围绕数字资源生命周期为主线进行构建，涉及数字图书馆建设过程中所需要的主要标准，涵盖数字内容创建、数字对象描述、数字资源组织管理、数字资源服务、数字资源长期保存五个环节，共计三十余项标准。

在国家数字图书馆标准规范建设中，国家图书馆本着合作、开放、共建的原则，引入有相关标准研制及实施经验的文献信息机构、科研机构以及企业单位承担标准规范的研制工作，这就使得国家数字图书馆标准规范的研制能够充分依托国家图书馆及各研制单位数字图书馆建设的实践与研究，使国家数字图书馆的标准规范成果具有广泛的开放性与适用性。本次出版的系列成果均经过国家图书馆验收、网上公开质询以及业界专家验收等多个验收环节，确保了标准规范成果的科学性及实用性。

目前,国内数字图书馆标准规范尚处于研究与探索性应用阶段,国家图书馆担负的职责与任务决定了我们在数字图书馆标准规范建设方面具有的责任。此次将国家数字图书馆工程标准规范研制成果付梓出版,将为其他图书馆、数字图书馆建设及相关行业数字资源建设与服务提供建设规范依据,对于推广国家数字图书馆建设成果,提高我国数字图书馆建设标准化水平,促进数字资源与服务的共建共享具有重要意义。

国家图书馆馆长　周和平

2010 年 8 月

目　　录

前　言

电子图书是以数字形式制作、出版、存取和使用的图书,主要来源于印刷型书籍数字化或直接以数字形式出版的图书。在表现形态上,当前电子图书主要有三种类型:其一为封装型电子图书,如存贮在 CD-ROM 上的图书;其二为网络型电子图书,指通过网络发布和访问阅读的图书;其三为便携式电子图书,特指存贮在电子阅读器中的电子图书。

在数字出版迅猛发展及数字出版物日渐普及的形势下,电子图书一方面构成图书馆资源体系的重要组成部分,另一方面越来越多地成为用户查询获取的资源类型。电子图书形式及内容特点的揭示程度,成为人们有效发现及获取电子图书资源的关键。当前世界范围内已经出台了多种元数据标准规范来描述、管理、定位电子资源。在相关元数据标准规范的基础上,根据一定范围内的应用需求制定标准的、规范的及具有兼容性的元数据标准规范,能够满足相关机构的具体资源揭示与管理需求。为解决本单位的需求并形成一套可资推广借鉴的元数据标准,国家图书馆进行了系统的元数据项目规划与实施,分别制定了元数据总则、专门元数据规范、管理元数据等元数据标准规范,“国家图书馆专门元数据标准与著录规范——电子图书”属于“国家图书馆专门元数据规范——电子书刊”系列之一。

上海交通大学图书馆于 2009 年 7 月承揽该项目。在接手电子图书元数据标准规范研制之前,上海交通大学图书馆电子图书元数据项目小组开展了文献调研及国家图书馆实地调研。文献调研包括当前世界范围内比较有代表性的电子图书相关元数据标准规范,如图书馆机读目录格式(MARC)、在 MARC 基础上开发出的 MODS、1999 年美国出版者协会(Association of American Publishers,AAP)发起制定的 OEBPS 和 ONIX、中国科技部科技基础研究重大科技专项“我国数字图书馆标准规范研究”子项目“专业数字对象元数据标准规范研究”的研制成果《电子图书描述元数据规范》等。这些已有的相关元数据规范具有一定的参考价值,但都不具备此项目需求的独特针对性。同时,项目小组对国家图书馆的电子图书元数据需求进行了实地调研,发现国家图书馆电子图书主要来源有三种类型:①订购的电子图书数据库,如方正、书生等;②国家图书馆将印刷型图书数字化而成的电子书;③网络原生电子图书。究其实质,这三种来源的电子书可归类为由印刷型图书数字化而成的派生电子图书资源及直接作为数字出版物的原生电子图书资源,即电子图书元数据所要描述的对象为这两类资源。

根据电子图书资源的形式及内容特征,遵循《国家图书馆元数据应用规范》《国家图书馆专门元数据设计规范》,在《都柏林核心元数据元素集》、科技部科技基础性工作专项资金重大项目"我国数字图书馆标准与规范建设"子项目"专门数字对象描述元数据规范"研究成果的基础上,并与"国家图书馆专门元数据规范——电子书刊"系列元数据规范保持统一,项目组确定了核心元素、电子图书资源个别元素的两级结构,设计了15个核心元素(25个元素修饰词)、4个电子图书资源个别元素。15个核心元素为:题名、创建者、主题、描述、出版者、其他责任者、日期、类型、格式、标识符、来源、语种、关联、时空范围、权限;4个电子图书个别元素为:版本、馆藏信息、价格、书评。

本书以"国家图书馆专门元数据标准与著录规范——电子图书"项目成果为基础编写,希望本规范一方面在国家图书馆或更广泛的业界应用中起到应有的作用,另一方面充实我国元数据标准规范体系并成为其他元数据规范研制的参考。

郑巧英

2013年3月

第一部分　国家图书馆电子图书元数据规范

1　范围

本标准规范对描述国家图书馆电子图书资源的内容、属性、特征的描述性元数据进行了统一的规范。本标准规范不对电子图书资源的管理信息、技术信息等做专门的模块规定。若有需求,可应用国家数字图书馆标准规范建设项目中的管理元数据或保存元数据规范项目所规定的元素;同时,本标准规范亦不规定与特定系统相关的电子图书资源元数据集的分析、设计与实现技术。

2　电子图书资源著录

2.1　电子图书资源的定义与特点

电子图书是以数字形式制作、出版、存取和使用的图书,一般以磁性或电子载体为存贮载体,并借助一定的阅读软件和设备读取。电子图书的特点概述如下:

(1)在表现形态上,电子图书是以数字方式制作、存取、阅读的图书,包括静态的由文字及图像构成的形态,及同时配有语音的多媒体形态。

(2)以来源而言,电子图书主要分为两类:一类是从印刷型图书数字化转化而来的派生电子图书资源,如图书馆将本馆印刷型藏书数字化而成的电子图书以及方正、书生、超星等数据库商将印刷型图书数字化而成的电子图书;一类是原生的电子图书资源。

(3)以载体而言,可分为三种:①封装型电子图书,主要指存贮在 CD-ROM 上的图书。②网络型电子图书,指通过网络发布和访问阅读的图书。③便携式电子图书,介于封装型及网络型电子图书之间,特指一种存贮于电子阅读器中的电子图书。一个电子阅读器中可存放若干的图书内容,并且图书内容可不断增加。

(4)以文件格式而言,目前常见的电子图书格式有:文本文件(.txt)、超文本文件(.html)、亚马逊 Kindle(.azw)、开放式 EBOOK(.opf)、翻转书(.fb)、DAISY(.dtb)、自主文本编码 LITE(.xml)、Adobe 便携文档(.pdf)、TomeRaider(.tr2, .tr3)、微软阅读器(.lit)、Palm Media(.pdb)、阿帕比阅读器(.xeb, .ceb)、iPod media(.notes)、移动信息设备模式(.lbr, .bin)、Mobipocket(.prc, .mobi)、EPUB(.epub)、索尼传媒(.lrf, .lrx)、SSReader(.pdg)、Eveda(.exe,.html)等。

(5)以阅读设备而言,电子书可以适应多种阅读设备,常见的专用设备有亚马逊的Kindle、索尼的 Sony Reader、汉王的电纸书、Foxit 的 eSlick,通用阅读终端有智能手机、PDA、移动电脑、PSP、上网本、MP4 等。

(6)在使用方面,电子图书相对于传统纸质图书更为便捷和灵活。

2.2 著录单位

电子图书资源一般以具有独立标识(如 ISBN、URI 等)的一个发布单元为著录单位,可以是一部电子图书,也可以是电子图书的一个章节,同时也可以是成套系的电子图书资源整体。

2.3 著录对象之间的关系

电子图书资源著录对象包括由印刷型图书数字化而成的派生电子图书资源及原生电子图书资源。无论由印刷型图书数字化而来的派生电子图书资源还是原生电子图书资源,都经过了作者创建、不同格式电子图书制作及发布,到各种阅读终端阅读使用(包括网络阅读、移动设备阅读、阅读器阅读等)的生命周期过程。这些不同来源的电子图书资源因为内容、版权归属等方面的关联,具有多重的关系。明确电子图书资源著录对象之间的关系,有利于确定电子图书资源的著录单位。电子图书资源著录对象之间的关系分析如下:

(1)包含关系,包括成套的电子图书资源与其中单部电子图书的关系,或单部电子图书资源与其局部章节的关系。

(2)派生关系,包括内容相同、由取得版权的同一出版者出版的不同格式电子图书之间的关系,内容相同、由取得版权的不同出版者出版的格式相同或相异的电子图书之间的关系。

2.4 著录单位处理

电子图书资源建议的著录单位如下:

(1)包含关系。原则上建议以单部电子图书为著录单位;也可以根据实际需求,以整套电子图书资源或电子图书的局部章节为著录单位。

(2)派生关系。原则上建议依据电子图书的内容和版权(对内容具有某种权利的出版者或发布者)共同来确定著录单位,具体处理方案如下:

- 由不同主体出版或发布的同一内容的电子图书,作为不同的著录单位处理;
- 由同一主体出版或发布的内容相同、格式相异的电子图书,作为一个著录单位处理。

可以根据实际需要,将具有包含或派生关系的电子图书资源各自单独著录。具有包含或派生关系的著录单位之间,可通过"关联"元素建立联系。

3 规范性引用文件

下列文件对于本文件的应用是必不可少的。凡是注日期的引用文件,仅注日期的版本适用于本文件。凡是不注日期的引用文件,其最新版本(包括所有的修改单)适用于本文件。

DCMI Metadata Terms. [DCMI-TERMS]

DCMI 元数据术语集[DCMI-TERMS]
〈http://dublincore.org/documents/dcmi-terms/〉

DCMI Namespace Policy.[DCMI-NAMESPACE]
DCMI 命名域政策[DCMI-NAMESPACE]
〈http://dublincore.org/documents/dcmi-namespace/〉

Metadata Object Description Schema.[MODS]
元数据对象描述模式[MODS]
〈http://www.loc.gov/standards/mods/〉

4 术语和定义

下列术语和定义适用于本标准规范。

4.1 电子图书 electronic books

以数字形式制作、出版、存取和使用的图书,一般以磁性或电子载体为存贮载体,并借助一定的阅读软件和设备读取。

4.2 DCMI—都柏林核心元数据计划 DCMI—Dublin Core Metadata Initiative

都柏林核心元数据元素集的维护机构。

4.3 元数据 metadata

关于信息资源或数据的一种结构化的数据。

4.4 描述元数据 descriptive metadata

对信息资源本身的内容、属性、外在特征进行描述的元数据。

4.5 元素 element

元数据的基本语义单位,本标准规范仅描述电子图书元数据框架内的基本实体。

4.6 修饰词 refinement

当元素无法满足资源对象的精确描述时进一步扩展出的术语。修饰词包括两种类型:元素修饰词和编码体系修饰词。

4.7 元素修饰词 element refinement

对元素的语义进行修饰,提高元素的专指性和精确性。

4.8 编码体系修饰词 encoding scheme

用来帮助解析某个术语值的上下文信息或解析规则。其形式包括受控词表、规范表或解析规则。

5 元数据规范内容结构

遵循《国家图书馆元数据应用规范》和《国家图书馆专门元数据设计规范》,电子图书元数据元素集由核心元素、电子图书资源个别元素组成,共19个元素。如有特别需要,可遵循《国家图书馆专门元数据设计规范》中的扩展规则进行本地扩展。

表1 电子图书元数据规范元素列表

	元素修饰词	编码体系修饰词	复用标准
核心元素(15个)			
题名			dc:title
	交替题名		dcterms:alternative
创建者			dc:creator
	责任方式		
主题			dc:subject
		美国国会图书馆主题词表	
		医学主题词表	
		杜威十进分类法	
		美国国会图书馆分类法	
		国际十进分类法	
		汉语主题词表	
		中国分类主题词表	
		中国图书馆分类法	
		中国科学院图书馆图书分类法	
描述			dc:description
	摘要		dcterms:abstract
	目次		dcterms:tableOfContents
出版者			dc:publisher
	出版地		

续表

	元素修饰词	编码体系修饰词	复用标准
其他责任者			dc:contributor
	责任方式		
日期			dc:date
	出版日期		
	创建日期		dcterms:created
	获取日期		dcterms:available
		W3CDTF	
		Period	
类型			dc:type
		DCMIType	
格式			dc:format
	资源载体		dcterms:medium
	文件大小		
	页码		
	技术细节		
		IMT	
标识符			dc:identifier
		ISBN	
		URI	
		DOI	
来源			dc:source
		ISBN	
		URI	
		DOI	
语种			dc:language
		ISO639-2	
		RFC4646	
关联			dc:relation
	包含		dcterms:hasPart
	包含于		dcterms:isPartOf
	参照		dcterms:references
	被参照		dcterms:isReferencedBy
	其他版本		dcterms:hasVersion

续表

	元素修饰词	编码体系修饰词	复用标准
关联	原版本		dcterms:isVersionOf
	其他格式		dcterms:hasFormat
	原格式		dcterms:isFormatOf
		ISBN	
		URI	
		DOI	
时空范围			dc:coverage
	空间范围		dcterms:spatial
		Point	
		ISO3166	
	时间范围		dcterms:temporal
		Period	
		W3CDTF	
权限			dc:rights
	版权拥有者		dcterms:rightsHolder
	使用权限		dcterms:accessRights
电子图书资源个别元素(4个)			
版本			mods:edition
馆藏信息			mods:location
价格			
		ISO4217	
书评			

6 元数据规范术语定义属性

在本标准规范中,元素名为英文,以便于计算机标记和编码,并保证与其他语种和其他元数据标准(如DC)应用保持语义一致性;标签为中文,便于人们阅读。

根据DCMI命名域政策[DCMI-NAMESPACE],元素名("name")应附加于DCMI命名域的URI后,构成统一资源标识符,作为该元素的全球性唯一标识符。根据DCMI命名域政策和编码指南的解释以及本标准规范的应用,所有元素均给出了国家图书馆统一资源标识符(URI)。

一般而言,每一元素均为可选,且可重复。但依据《国家图书馆核心元数据标准》,title是必备的,identifier如果有也是必备的。

本标准规范所有元素均为非限制性的,如果在特定的项目或应用中使用,可进行必要的扩展,并增加使用说明。本标准规范中的元素描述及示例中有可能涉及扩展描述。

本标准规范中的标签只是元素名的一个语义属性,在具体的应用领域,为突出资源的个性和元数据的专指性,更好地体现该元素在具体应用中的语义,允许赋予其适合的标签,但语义上与原始定义不允许有冲突,不允许扩大原始的语义。

本标准规范定义的所有元素与顺序无关。同一元素(如 creator)多次出现,其排序可能是有意义的,但不能保证排序会在任何系统中保存下来。

建议特定项目或应用中的其他元数据规范建立与本核心集的映射以便数据转换,以本标准规范中的元素集为核心扩展元素应遵循元数据设计规范,以保证不同类型资源对象的元数据规范间的互操作性。

为促进全球互操作,很多元素描述建议其元素的值取自受控词表。同样,为了某些特定领域内的互操作性,也可以开发利用其他受控词表。

为了便于理解与使用,每一元素后增加一些示例,说明其具体用法,但元素的使用应当不限于示例所举。

电子图书元数据规范中的术语通过以下属性进行定义:

表 2　电子图书资源元数据规范术语定义属性表

No.	属性名	属性定义	约束
1.	标识符(Identifier)	术语的唯一标识符,以 URI 的形式给出	必备
2.	名称(Name)	赋予术语的机器可读的唯一标记	必备
3.	出处(Defined By)	一般给出定义术语(特别是给出术语"名称"与"统一资源标识符")的来源名称及来源的 URI。如无来源名称与 URI,也可以是定义术语或维护术语的机构名称。或者也可以是书目引文,指向定义该术语的文献	必备
4.	标签(Label)	人类可读的标签,可本地化。为更好地体现此术语在元数据规范中的语义,可以是在具体应用中的名称,可以和原始名称不相同	必备
5.	定义(Definition)	对术语概念与内涵的说明	必备
6.	注释(Comments)	关于术语或其应用的其他说明,如特殊的用法等	可选
7.	术语类型(Type of Term)	术语的类型。其值为:元素、元素修饰词和编码体系修饰词	必备
8.	限定(Refines)	在定义元素修饰词时,在此明确指出该术语修饰的元素。一般给出所修饰元素的名称,但允许按中文习惯引用其标签,推荐同时给出 URI	有则必备

续表

No.	属性名	属性定义	约束
9.	元素修饰词(Refined By)	在定义元素时,在此项中给出限定此元素的元素修饰词。一般给出元素修饰词的名称,但允许按中文习惯引用其标签,推荐同时给出 URI	有则必备
10.	编码体系应用于(Encoding Scheme For)	在定义编码体系修饰词时,在此给出该术语修饰的元素。一般给出所修饰元素的名称,但允许按中文习惯引用其标签,推荐同时给出 URI	有则必备
11.	编码体系修饰词(Encoding Scheme)	在定义元素时,如果元素有编码体系修饰词,在此给出编码体系修饰词,一般给出术语的名称,推荐同时给出 URI	有则必备
12.	数据类型(Datatype)	术语允许取值的数据类型	可选
13.	版本(Version)	产生该术语的元数据规范版本	可选
14.	语言(Language)	用来说明术语的语言	可选
15.	频次范围(Occurrence)	术语使用的频次范围。采用区间的表示方法:[min,max],同时包括了对必备性和最大使用频次的定义。min=0 表示可选;min=1 表示必须;max=10 表示最大使用频率为 10 次;max=∞ 表示最大使用频次没有限制	可选

上述属性中的四项做如下固定取值:

1)版本:1.0

2)语言:缺省为简体中文

3)数据类型:字符串

4)频次范围:一般不限,为[0,∞),在制订著录规则时应给出实际的范围。

7　核心元素及其元素修饰词定义

7.1　题名

标识符:http://www.nlc.gov.cn/core/elements/title①

① 元素标识符目前按照国家图书馆“中国数字图书馆标准规范建设”项目的规定,以 URI 形式给出。目前由于国内的元数据登记系统尚没有建立,因此还无法在网上实际查到这些标识符。标识符根据《国家图书馆元数据应用规范》中所规定的属于国家图书馆各元数据规范的命名域规则而定,最终将以国家图书馆公布的规范为准。下同。

名称:title

出处:Dublin Core Terms: http://purl. org/dc/terms

标签:题名

定义:电子图书的名称。

注释:一般指电子图书正式公开的名称,可以由若干部分组成,如电子图书资源的主要名称与其他说明该名称的文字。电子图书的名称按其在规定信息源上出现的语句、顺序、字体(繁简字体)、拼写转录。建议采用 ISBD 的著录标识符。

术语类型:元素

元素修饰词:交替题名

著录范例:

题名:胡适文存 . 第一卷

交替题名

标识符:http://www. nlc. gov. cn/core/terms/alternative

名称:alternative

出处:Dublin Core Terms: http://purl. org/dc/terms

标签:交替题名

定义:可代替电子图书正式题名的其他任何题名。

注释:著录可代替电子图书题名使用的任何其他题名,包括并列题名、缩略题名、翻译题名等。建议采用 ISBD 的著录标识符。

术语类型:元素修饰词

限定:题名

著录范例:

交替题名:L'Armée française et la stratégie de défense de la France

注:该书题名:法军与法国国防战略

7.2 创建者

标识符:http://www. nlc. gov. cn/core/elements/creator

名称:creator

出处:Dublin Core Terms: http://purl. org/dc/terms

标签:创建者

定义:电子图书资源内容创作的主要责任人或团体。

注释:由个人或团体的名称来表示,可以包括除责任方式以外的修饰成分,如作者生卒年、朝代、国别、外文原名等。

术语类型:元素

元素修饰词:责任方式

著录范例:

创建者:International Conference on Production Research(12th :1993 :Lappeenranta, Finland)

责任方式

标识符:http://www. nlc. gov. cn/core/terms/role

名称:role

出处:http://www. nlc. gov. cn/core/terms

标签:责任方式

定义:创建者与电子图书之间的责任关系。

注释:用于表示创建者贡献于电子图书资源内容的方式,如著、编著、编等。

术语类型:元素修饰词

限定:创建者

著录范例:

责任方式:主编

注:该书创建者:梁实秋(1902—1987)

7.3 主题

标识符:http://www. nlc. gov. cn/core/elements/subject

名称:subject

出处:Dublin Core Terms: http://purl. org/dc/terms

标签:主题

定义:描述电子图书主题内容的受控或非受控的词汇和类号。

注释:(1)有一个以上主题(主题词串、分类号等)时,重复本元素。(2)元数据应用单位可根据需要采用其他编码体系修饰词。关键词不需编码体系修饰词。

术语类型:元素

编码体系修饰词:美国国会图书馆主题词表、医学主题词表、杜威十进分类法、美国国会图书馆分类法、国际十进分类法、汉语主题词表、中国图书馆分类法、中国科学院图书馆图书分类法、中国分类主题词表

著录范例:

主题:H31(编码体系 = CLC)

7.3.1 美国国会图书馆主题词表

标识符:http://www.nlc.gov.cn/core/terms/LCSH

名称:LCSH

出处:http://lcweb.loc.gov/cds/lcsh.html

标签:美国国会图书馆主题词表

定义:美国国会图书馆主题词表。

术语类型:编码体系修饰词

编码体系应用于:主题

7.3.2 医学主题词表

标识符:http://www.nlc.gov.cn/core/terms/MESH

名称:MESH

出处:http://www.ncbi.nlm.nih.gov/mesh

标签:医学主题词表

定义:医学主题词表。

术语类型:编码体系修饰词

编码体系应用于:主题

7.3.3 杜威十进分类法

标识符:http://www.nlc.gov.cn/core/terms/DDC

名称:DDC

出处:http://www.oclc.org/dewey

标签:杜威十进分类法

定义:杜威十进分类法。

术语类型:编码体系修饰词

编码体系应用于:主题

7.3.4 美国国会图书馆分类法

标识符:http://www.nlc.gov.cn/core/terms/LCC

名称:LCC

出处:http://classificationweb.net

标签:美国国会图书馆分类法

定义:美国国会图书馆分类法。

术语类型:编码体系修饰词

编码体系应用于:主题

7.3.5　国际十进分类法

标识符:http://www.nlc.gov.cn/core/terms/UDC

名称:UDC

出处:http://www.udcc.org/

标签:国际十进分类法

定义:国际十进分类法。

术语类型:编码体系修饰词

编码体系应用于:主题

7.3.6　汉语主题词表

标识符:http://www.nlc.gov.cn/core/terms/CT

名称:CT

出处:中国科学技术情报研究所,北京图书馆．汉语主题词表．北京:科学技术文献出版社,1979

标签:汉语主题词表

定义:汉语主题词表。

术语类型:编码体系修饰词

编码体系应用于:主题

7.3.7　中国分类主题词表

标识符:http://www.nlc.gov.cn/core/terms/CCT

名称:CCT

出处:中国图书馆分类法编辑委员会．中国分类主题词表第2版．北京:北京图书馆出版社,2005

标签:中国分类主题词表

定义:中国分类主题词表。

术语类型:编码体系修饰词

编码体系应用于:主题

7.3.8　中国图书馆分类法

标识符:http://www.nlc.gov.cn/core/terms/CLC

名称:CLC

出处:国家图书馆《中国图书馆分类法》编辑委员会. 中国图书馆分类法第5版. 北京:国家图书馆出版社,2010

标签:中国图书馆分类法

定义:中国图书馆分类法。

术语类型:编码体系修饰词

编码体系应用于:主题

7.3.9 中国科学院图书馆图书分类法

标识符:http://www.nlc.gov.cn/core/terms/LASC

名称:LASC

出处:中国科学院图书馆. 中国科学院图书馆图书分类法. 北京:科学出版社,1994

标签:中国科学院图书馆图书分类法

定义:中国科学院图书馆图书分类法。

术语类型:编码体系修饰词

编码体系应用于:主题

7.4 描述

标识符:http://www.nlc.gov.cn/core/elements/description

名称:description

出处:Dublin Core Terms: http://purl.org/dc/terms

标签:描述

定义:对电子图书内容的说明描述。

注释:用于说明电子图书目次、摘要、附注等信息。

术语类型:元素

元素修饰词:目次、摘要

著录范例:

目次:第1章,绪论;第2章,线性表……

7.4.1 目次

标识符:http://www.nlc.gov.cn/core/terms/tableOfContents

名称:table of contents

出处:Dublin Core Terms: http://purl.org/dc/terms/

标签:目次

定义:组成电子图书的所有单元的列表。

注释:著录的内容包括章节、文档、图形、样式表等。

术语类型:元素修饰词

限定:描述

著录范例:

目次:第一篇,修辞学/亚里士多德著;第二篇,论出版自由/弥尔顿著……

7.4.2 摘要

标识符:http://www. nlc. gov. cn/core/terms/abstract

名称:abstract

出处:Dublin Core Terms: http://purl. org/dc/terms/

标签:摘要

定义:电子图书内容的概括性描述。

注释:用自由行文的形式简要描述资源的内容。

术语类型:元素修饰词

限定:描述

著录范例:

摘要:本书详细介绍了知识管理的起源、流程、模型和案例。

7.5 出版者

标识符:http://www. nlc. gov. cn/core/elements/publisher

名称:publisher

出处:Dublin Core Terms: http://purl. org/dc/terms

标签:出版者

定义:使资源可以获得和利用的责任实体。

注释:有一个以上出版者时,重复本元素。出版者的实例包括个人、组织或某项服务。一般而言,用出版者的名称来标识这一条目。

术语类型:元素

元素修饰词:出版地

著录范例:

出版者:北京大学出版社

出版地

标识符:http://www.nlc.gov.cn/core/terms/place

名称:place

出处:http://www.nlc.gov.cn/core/terms

标签:出版地

定义:电子图书出版者的所在地点。

注释:(1)不同出版者的出版地著录于相对应的“出版地”修饰词项。(2)如不能确定城市,也可用其所在的省份或国家。

术语类型:元素修饰词

限定:出版者

著录范例:

出版地:南宁

注:该书出版者:广西美术出版社

7.6 其他责任者

标识符:http://www.nlc.gov.cn/core/elements/contributor

名称:contributor

出处:Dublin Core Terms: http://purl.org/dc/terms

标签:其他责任者

定义:对电子图书内容作出贡献的主要责任者之外的实体。

注释:用以著录电子图书资源主要责任者之外的其他责任者名称,可以包括除责任方式外的修饰成分,如作者生卒年、朝代、国别等。

术语类型:元素

元素修饰词:责任方式

著录范例:

其他责任者:朱生豪(1912—1944)

责任方式

标识符:http://www.nlc.gov.cn/core/terms/role

名称:role

出处:http://www.nlc.gov.cn/core/terms

标签:责任方式

定义:责任者与电子图书之间的责任关系。

注释:用于表示责任者贡献于电子图书资源内容的方式,如编、译等。

术语类型:元素修饰词

限定:其他责任者

著录范例:

其他责任者:朱生豪(1912—1944)责任方式:译

注:可显示为:朱生豪(1912—1944)译

7.7 日期

标识符:http://www.nlc.gov.cn/core/elements/date

名称:date

出处:Dublin Core Terms: http://purl.org/dc/terms

标签:日期

定义:与电子图书生命周期中的一个事件相关的时刻或一段时间。

术语类型:元素

元素修饰词:出版日期、创建日期、获取日期

编码体系修饰词:W3CDTF、Period

著录范例:

出版日期:1996-10(编码体系 = W3CDTF)

7.7.1 出版日期

标识符:http://www.nlc.gov.cn/core/terms/issued

名称:issued

出处:http://www.nlc.gov.cn/core/terms

标签:出版日期

定义:电子图书出版或颁布的日期。

注释:元数据应用单位可根据具体应用采用其他编码体系修饰词。

术语类型:元素修饰词

限定:日期

编码体系修饰词:W3CDTF、Period

著录范例:

出版日期:2000(编码体系 = W3CDTF)

7.7.2　创建日期

标识符:http://www.nlc.gov.cn/core/terms/created

名称:created

出处:Dublin Core Terms: http://purl.org/dc/terms

标签:创建日期

定义:电子图书创建的日期。

注释:元数据应用单位可根据具体应用采用其他编码体系修饰词。

术语类型:元素修饰词

限定:日期

编码体系修饰词:W3CDTF、Period

著录范例:

创建日期:1998-01-12(编码体系 = W3CDTF)

7.7.3　获取日期

标识符:http://www.nlc.gov.cn/core/terms/available

名称:available

出处:Dublin Core Terms: http://purl.org/dc/terms

标签:获取日期

定义:电子图书可被使用或被获取的日期。

注释:元数据应用单位可根据具体应用采用其他编码体系修饰词。

术语类型:元素修饰词

限定:日期

编码体系修饰词:W3CDTF、period

著录范例:

获取日期:2008-01-12/2010-12-31

7.7.4　W3CDTF

标识符:http://www.nlc.gov.cn/core/terms/W3CDTF

名称:W3CDTF

出处:http://www.w3.org/TR/NOTE-datetime

标签:万维网联盟(W3C)日期和时间编码规则

定义:由万维网联盟(W3C)制定的日期和时间的编码规则——基于 ISO8601 的一部分。

术语类型:编码体系修饰词

编码体系应用于:日期、出版日期、创建日期、获取日期

7.7.5 period

标识符:http://www.nlc.gov.cn/core/terms/period

名称:period

出处:http://dublincore.org/documents/dcmi-period

标签:DCMI 时间编码规则

定义:表示时间间隔的一种方法。

术语类型:编码体系修饰词

编码体系应用于:日期、出版日期、创建日期、获取日期

7.8 类型

标识符:http://www.nlc.gov.cn/core/elements/type

名称:type

出处:Dublin Core Terms: http://purl.org/dc/terms

标签:类型

定义:电子图书资源的类别。

注释:本元数据方案中,按照《国家图书馆专门元数据设计规范》的"信息资源名称规范列表"要求,类型缺省取值为"电子图书"。

术语类型:元素

编码体系修饰词:DCMIType

著录范例:

类型:电子图书

DCMIType

标识符:http://www.nlc.gov.cn/core/terms/DCMIType

名称:DCMIType

出处:http://dublincore.org/documents/dcmi-type-vocabulary

标签:DCMI 资源类型表

定义:用来对资源内容的性质或种类进行分类的类型词汇列表。

术语类型:编码体系修饰词

编码体系应用于:类型

7.9 格式

标识符:http://www.nlc.gov.cn/core/elements/format

名称:format

出处:Dublin Core Terms: http://purl.org/dc/terms

标签:格式

定义:电子图书的物理或电子形态。

注释:(1)有一种以上格式时,重复本元素。(2)元数据应用单位可根据具体应用采用其他编码体系修饰词。

术语类型:元素

元素修饰词:资源载体、文件大小、页码、技术细节

编码体系修饰词:IMT

著录范例:资源载体:CD-ROM

7.9.1 资源载体

标识符:http://www.nlc.gov.cn/core/terms/medium

名称:medium

出处:Dublin Core Terms: http://purl.org/dc/terms

标签:资源载体

定义:电子图书的载体形式。

注释:(1)说明电子图书的载体形式,如光盘;(2)同一文件的两种或多种格式保存在不同的载体上,对应于每种格式的资源载体可重复描述。

术语类型:元素修饰词

限定:格式

著录范例:

资源载体:CD-ROM;HD-ROM

注:该资源的格式:HTML

7.9.2 文件大小

标识符:http://www.nlc.gov.cn/core/terms/extent

名称:extent

出处:Dublin Core Terms: http://purl.org/dc/terms

标签:文件大小

定义:电子图书的存储容量。

注释:用于注明电子图书存贮容量大小,包括其文件单位代码。

术语类型:元素修饰词

限定:格式

著录范例:

文件大小:1476KB

7.9.3 页码

标识符:http://www. nlc. gov. cn/core/terms/page

名称:page

出处:http://www. nlc. gov. cn/core/terms

标签:页码

定义:电子图书的标注页码或近似页码。

注释:用于注明电子图书的标注页码或近似页码。

术语类型:元素修饰词

限定:格式

著录范例:

页码:568 页

7.9.4 技术细节

标识符:http://www. nlc. gov. cn/core/terms/technique

名称:technique

出处:http://www. nlc. gov. cn/core/terms

标签:技术细节

定义:与电子图书格式相关的技术环境信息。

注释:用于描述与电子图书资源格式相关的技术环境细节,如阅读软件与设备、数字化系统、制作软件、扫描分辨率、压缩码、色彩、制作方法、是否有声等。

术语类型:元素修饰词

限定:格式

著录范例:

技术细节:扫描分辨率:300DPI

7.9.5 IMT

标识符:http://www. nlc. gov. cn/core/terms/IMT

名称:IMT

出处:http://www.iana.org/assignments/media-types/ebook

标签:因特网媒体类型

定义:资源的因特网媒体类型。

术语类型:编码体系修饰词

编码体系应用于:格式

7.10 标识符

标识符:http://www.nlc.gov.cn/core/elements/identifier

名称:identifier

出处:Dublin Core Terms: http://purl.org/dc/terms

标签:标识符

定义:在特定环境中,给予资源的一个明确标识。

注释:一般采用字符串或数字代码,建议采用符合正式标识体系的字符串进行标识。如URI、ISBN、DOI。

术语类型:元素

编码体系修饰词:URI、DOI、ISBN

著录范例:

标识符:7-81050-922-1(编码体系 = ISBN)

7.10.1 URI

标识符:http://www.nlc.gov.cn/core/terms/URI

名称:URI

出处:http://www.ietf.org/rfc/rfc3986.txt

标签:统一资源标识符

定义:统一资源标识符。

术语类型:编码体系修饰词

编码体系应用于:标识符

7.10.2 ISBN

标识符:http://www.nlc.gov.cn/core/terms/ISBN

名称:ISBN

出处:http://www.isbn.org/standards/home/isbn/international/index.asp

标签:国际标准书号

定义:国际标准书号。

术语类型:编码体系修饰词

编码体系应用于:标识符

7.10.3　DOI

标识符:http://www.nlc.gov.cn/core/terms/DOI

名称:DOI

出处:http://www.doi.org

标签:数字对象标识

定义:数字对象标识。

术语类型:编码体系修饰词

编码体系应用于:标识符

7.11　来源

标识符:http://www.nlc.gov.cn/core/elements/source

名称:source

出处:Dublin Core Terms: http://purl.org/dc/terms

标签:来源

定义:电子图书的出处信息。

注释:著录资源的出处信息,当前资源可以是来源资源的全部或一部分。

术语类型:元素

编码体系修饰词:URI、DOI、ISBN

著录范例:

来源:7-81050-972-1(编码体系 = ISBN)

7.11.1　URI

标识符:http://www.nlc.gov.cn/core/terms/URI

名称:URI

出处:http://www.ietf.org/rfc/rfc3986.txt

标签:统一资源标识符

定义:统一资源标识符。

术语类型:编码体系修饰词

编码体系应用于:来源

7.11.2　ISBN

标识符:http://www.nlc.gov.cn/core/terms/ISBN

名称:ISBN

出处:http://www.isbn.org/standards/home/isbn/international/index.asp

标签:国际标准书号

定义:国际标准书号。

术语类型:编码体系修饰词

编码体系应用于:来源

7.11.3　DOI

标识符:http://www.nlc.gov.cn/core/terms/DOI

名称:DOI

出处:http://www.doi.org

标签:数字对象标识

定义:数字对象标识。

术语类型:编码体系修饰词

编码体系应用于:来源

7.12　语种

标识符:http://www.nlc.gov.cn/core/elements/language

名称:language

出处:Dublin Core Terms: http://purl.org/dc/terms

标签:语种

定义:电子图书的文字语种。

注释:著录电子图书的文字语种。元数据应用单位可根据具体应用采用其他编码体系修饰词。

术语类型:元素

编码体系修饰词:ISO639-2、RFC4646

著录范例:

语种:chi(编码体系 = ISO639-2)

语种:jpn(编码体系 = ISO639-2)

注:该电子图书为双语对照的网络电子图书。名称为阴阳师安倍晴明。

7.12.1　ISO639-2

标识符:http://www.nlc.gov.cn/core/terms/ISO639-2

名称:ISO639-2

出处:http://lcweb. loc. gov/standards/iso639-2/langhome. html

标签:ISO639-2 语种识别代码

定义:国际标准化组织制定的 3 字母语种识别代码。

术语类型:编码体系修饰词

编码体系应用于:语种

7. 12. 2　RFC4646

标识符:http://www. nlc. gov. cn/core/terms/RFC4646

名称:RFC4646

出处:http://www. ietf. org/rfc/rfc4646. txt

标签:RFC4646 语种识别标签集合

定义:根据 RFC4646 确定的语种识别标签集合。

术语类型:编码体系修饰词

编码体系应用于:语种

7. 13　关联

标识符:http://www. nlc. gov. cn/core/elements/relation

名称:relation

出处:Dublin Core Terms: http://purl. org/dc/terms

标签:关联

定义:与著录的电子图书相关的其他资源。

注释:著录与电子图书关联的其他资源,这些关系包括:包含与被包含、参照与被参照、其他版本与原版本、其他格式与原格式等。相关资源一般独立存在。元数据应用单位可根据具体应用采用其他编码体系修饰词。

术语类型:元素

元素修饰词:包含、包含于、参照、被参照、其他版本、原版本、其他格式、原格式

编码体系修饰词:URI、DOI、ISBN

著录范例:

包含:http://reference. lib. sjtu. edu. cn/cgi-bin/detailframe. cgi?30202368&10&343&9 * * &1(编码体系 = URI)

7. 13. 1　包含

标识符:http://www. nlc. gov. cn/core/terms/hasPart

名称:has part

出处:Dublin Core Terms: http://purl. org/dc/terms

标签:包含

定义:说明电子图书在物理上或逻辑上包含了另一资源。

注释:(1)用以揭示电子图书的组成部分,如章节;各组成部分可另行单独著录。(2)被包含资源一般独立存在。(3)元数据应用单位可根据具体应用采用其他编码体系修饰词。

术语类型:元素修饰词

限定:关联

编码体系修饰词:URI、DOI、ISBN

著录范例:

包含:http://reference. lib. sjtu. edu. cn/cgi-bin/detailframe. cgi?30202368&10&343&9 * * &1(编码体系 = URI)

7.13.2 包含于

标识符:http://www. nlc. gov. cn/core/terms/isPartOf

名称:is part of

出处:Dublin Core Terms: http://purl. org/dc/terms

标签:包含于

定义:说明电子图书是另一资源的物理或逻辑组成部分。

注释:用以揭示电子图书资源所从属的资源,电子图书的丛编名称及资源标识著录于此。包含资源一般独立存在。元数据应用单位可根据具体应用采用其他编码体系修饰词。

术语类型:元素修饰词

限定:关联

编码体系修饰词:URI、DOI、ISBN

著录范例:

包含于:http://www. jsshedu. net. cn/pfsk/71(编码体系 = URI)

7.13.3 参照

标识符:http://www. nlc. gov. cn/core/terms/references

名称:references

出处:Dublin Core Terms: http://purl. org/dc/terms

标签:参照

定义:说明电子图书参照、引用或以其他方式指向另一资源。

注释:著录被参照的其他资源。一般用字符串或数字代码标识被参照资源。被参照资源一般独立存在。元数据应用单位可根据具体应用采用其他编码体系修饰词。

术语类型:元素修饰词

限定:关联

编码体系修饰词:URI、DOI、ISBN

著录范例:

参照:http://avel. edu. au(编码体系 = URI)

7.13.4 被参照

标识符:http://www. nlc. gov. cn/core/terms/isReferencedBy

名称:is referenced by

出处:Dublin Core Terms: http://purl. org/dc/terms

标签:被参照

定义:说明另一资源参照、引用或以其他方式指向本电子图书。

注释:著录参照本资源的其他资源。一般用字符串或数字代码标识其他资源。参照资源一般独立存在。元数据应用单位可根据具体应用采用其他编码体系修饰词。

术语类型:元素修饰词

限定:关联

编码体系修饰词:URI、DOI、ISBN

著录范例:

被参照:http://www. edna. edu. au/metadata(编码体系 = URI)

7.13.5 其他版本

标识符:http://www. nlc. gov. cn/core/terms/hasVersion

名称:has version

出处:Dublin Core Terms: http://purl. org/dc/terms/

标签:其他版本

定义:说明另一资源是本电子图书的不同版本。

注释:著录其他版本的相关资源。一般用字符串或数字代码标识其他资源。其他版本资源一般独立存在。元数据应用单位可根据具体应用采用其他编码体系修饰词。

术语类型:元素修饰词

限定:关联

编码体系修饰词:URI、DOI、ISBN

著录范例:

其他版本:http://202. 121. 226. 4/bookhtm/book. asp?lib = 00120401(编码体系 = URI)

7.13.6 原版本

标识符:http://www.nlc.gov.cn/core/terms/isVersionOf

名称:is version of

出处:Dublin Core Terms: http://purl.org/dc/terms

标签:原版本

定义:说明另一资源是本电子图书的原版本。

注释:著录原版本资源。一般用字符串或数字代码标识原版本资源。原版本资源一般独立存在。元数据应用单位可根据具体应用采用其他编码体系修饰词。

术语类型:元素修饰词

限定:关联

编码体系修饰词:URI、DOI、ISBN

著录范例:

原版本:7-5635-0025-1(编码体系=ISBN)

7.13.7 其他格式

标识符:http://www.nlc.gov.cn/core/terms/hasFormat

名称:has format

出处:Dublin Core Terms: http://purl.org/dc/terms

标签:其他格式

定义:说明另一资源派生自本电子图书,且内容完全相同,仅以不同的格式存在。

注释:著录其他格式的相关资源。一般用字符串或数字代码标识其他相关资源。其他格式一般独立存在。元数据应用单位可根据具体应用采用其他编码体系修饰词。

术语类型:元素修饰词

限定:关联

编码体系修饰词:URI、DOI、ISBN

著录范例:

其他格式:http://www.pdasky.com/soft/6505.htm(编码体系=URI)

7.13.8 原格式

标识符:http://www.nlc.gov.cn/core/terms/isFormatOf

名称:is format of

出处:Dublin Core Terms: http://purl.org/dc/terms

标签:原格式

定义:说明本电子图书派生自另一资源,且内容完全相同,仅以不同的格式存在。

注释:著录原格式的相关资源。一般用字符串或数字代码标识原格式资源。原格式资源一般独立存在。元数据应用单位可根据具体应用采用其他编码体系修饰词。

术语类型:元素修饰词

限定:关联

编码体系修饰词:URI、DOI、ISBN

著录范例:

原格式:http://book. sina. com. cn/nzt/lit/tianheiyihou/1. shtml(编码体系 = URI)

7. 13. 9 URI

标识符:http://www. nlc. gov. cn/core/terms/URI

名称:URI

出处:http://www. ietf. org/rfc/rfc3986. txt

标签:统一资源标识符

定义:统一资源标识符。

术语类型:编码体系修饰词

编码体系应用于:关联、包含、包含于、参照、被参照、其他版本、原版本、其他格式、原格式

7. 13. 10 ISBN

标识符:http://www. nlc. gov. cn/core/terms/ISBN

名称:ISBN

出处:http://www. isbn. org/standards/home/isbn/international/index. asp

标签:国际标准书号

定义:国际标准书号。

术语类型:编码体系修饰词

编码体系应用于:关联、包含、包含于、参照、被参照、其他版本、原版本、其他格式、原格式

7. 13. 11 DOI

标识符:http://www. nlc. gov. cn/core/terms/DOI

名称:DOI

出处:http://www. doi. org

标签:数字对象标识

定义:数字对象标识。

术语类型:编码体系修饰词

编码体系应用于:关联、包含、包含于、参照、被参照、其他版本、原版本、其他格式、原格式

7.14 时空范围

标识符:http://www. nlc. gov. cn/core/elements/coverage

名称:coverage

出处:Dublin Core Terms: http://purl. org/dc/terms

标签:时空范围

定义:电子图书内容的时间、空间特征。

注释:(1)著录电子图书内容涉及的时间、空间。(2)在需要对时间、空间区别表达时,应采用相应的修饰词。(3)有一个以上时空范围时,重复本元素。相对应的时间范围与空间范围著录于同一"时空范围"元素项。(4)元数据应用单位可根据具体应用采用其他编码体系修饰词。

术语类型:元素

元素修饰词:时间范围,空间范围

编码体系修饰词:period、W3CDTF、point、ISO3166

著录范例:

时间范围:中世纪

7.14.1 时间范围

标识符:http://www. nlc. gov. cn/core/terms/temporal

名称:temporal

出处:Dublin Core Terms: http://purl. org/dc/terms

标签:时间范围

定义:电子图书内容的时间特征。

注释:著录电子图书内容涉及的时间特征。包括时代、日期、时间段。建议时间的表达采用受控的词汇。

术语类型:元素修饰词

限定:时空范围

编码体系修饰词:period、W3CDTF

著录范例:

时间范围:清代

7.14.2 period

标识符:http://www. nlc. gov. cn/core/terms/period

名称:period

出处:http://dublincore.org/documents/dcmi-period

标签:DCMI 时间编码规则

定义:表示时间间隔的一种方法。

术语类型:编码体系修饰词

编码体系应用于:时间范围

7.14.3 W3CDTF

标识符:http://www.nlc.gov.cn/core/terms/W3CDTF

名称:W3CDTF

出处:http://www.w3.org/TR/NOTE-datetime

标签:万维网联盟(W3C)日期和时间编码规则

定义:由万维网联盟(W3C)制定的日期和时间的编码规则——基于 ISO8601 的一部分。

术语类型:编码体系修饰词

编码体系应用于:时间范围

7.14.4 空间范围

标识符:http://www.nlc.gov.cn/core/terms/spatial

名称:spatial

出处:Dublin Core Terms: http://purl.org/dc/terms

标签:空间范围

定义:电子图书内容的空间特征。

注释:著录电子图书内容涉及的空间特征。包括地点、地理坐标。建议空间的表达采用受控的词汇。

术语类型:元素修饰词

限定:时空范围

编码体系修饰词:point、ISO3166

著录范例:

空间范围:name = Perth, W. A. ; east = 115.85717; north = -31.95301(编码体系 = point)

7.14.5 point

标识符:http://www.nlc.gov.cn/core/terms/point

名称:point

出处:http://dublincore.org/documents/dcmi-point

标签:DCMI 地理位置

定义:DCMI 地理位置,用地理坐标值来指明地点。

术语类型:编码体系修饰词

编码体系应用于:空间范围

7.14.6 ISO3166

标识符:http://www.nlc.gov.cn/core/terms/ISO3166

名称:ISO3166

出处:http://www.iso.org/iso/en/prods-services/iso3166ma/02iso-3166-code-lists/list-en1.html

标签:ISO3166

定义:ISO3166 标准中的国家和地区代码。

术语类型:编码体系修饰词

编码体系应用于:空间范围

7.15 权限

标识符:http://www.nlc.gov.cn/core/elements/rights

名称:rights

出处:Dublin Core Terms: http://purl.org/dc/terms

标签:权限

定义:电子图书本身所有的、或被赋予的权限信息。

注释:用于著录电子图书的版权信息及其相关使用访问权限信息。

术语类型:元素

元素修饰词:版权拥有者、使用权限

著录范例:

权限:版权拥有者:北大方正

7.15.1 版权拥有者

标识符:http://www.nlc.gov.cn/core/terms/rightsHolder

名称:rights holder

出处:Dublin Core Terms: http://purl.org/dc/terms

标签:版权拥有者

定义:拥有电子图书版权的个体或机构的名称。

术语类型:元素修饰词

限定:权限

著录范例:

版权拥有者:北大方正

7.15.2　使用权限

标识符:http://www.nlc.gov.cn/core/terms/accessRights

名称:access rights

出处:Dublin Core Terms: http://purl.org/dc/terms

标签:使用权限

定义:授权使用电子图书资源的个人、机构,及所授访问使用权限信息。

注释:用于著录授权使用电子图书资源的个人与机构,及说明资源的使用访问条件与政策。

术语类型:元素修饰词

限定:权限

著录范例:

使用权限:国家图书馆

8　个别元素及其修饰词定义

8.1　版本

标识符:http://www.nlc.gov.cn/eBook/terms/edition

名称:edition

出处:Metadata Object Description Schema: http://www.loc.gov/mods

标签:版本

定义:电子图书的版本。

注释:著录电子图书的版本或版次信息以及其他附加说明。

术语类型:元素

著录范例:

版本:第2版

8.2　馆藏信息

标识符:http://www.nlc.gov.cn/eBook/terms/location

名称:location

出处:Metadata Object Description Schema: http://www.loc.gov/mods

标签:馆藏信息

定义:电子图书的收藏机构及相关地址信息。

注释:用于说明电子图书的收藏信息,如光盘电子书的馆藏地址。

术语类型:元素

著录范例:

馆藏信息:国家图书馆;2010/EOD/001300

注:该电子图书资源是国家图书馆馆藏的 CD-ROM 电子图书,将其光盘索取号著录于此。题名为见证省思践行,资源载体为 CD-ROM。

8.3 价格

标识符:http://www. nlc. gov. cn/eBook/terms/price

名称:price

出处:http://www. nlc. gov. cn/eBook/terms

标签:价格

定义:电子图书的价格说明。

注释:著录电子图书信息源上所标识的价格或获取价格。有多个价格时本元素可重复。

术语类型:元素

编码体系修饰词:ISO4217

著录范例:

价格:CNY 30. 00(印刷版)(编码体系 = ISO4217)

ISO4217

标识符:http://www. nlc. gov. cn/core/terms/ISO4217

名称:ISO4217

出处:http://www. iso. org/iso/support/currency_codes_list-1. htm

标签:ISO4217

定义:ISO4217 标准中表示价格的货币和资金代码。

术语类型:编码体系修饰词

编码体系应用于:价格

8.4 书评

标识符:http://www. nlc. gov. cn/eBook/terms/bookReview

名称:book review

出处:http://www.nlc.gov.cn/eBook/terms

标签:书评

定义:对电子图书内容或形式进行介绍或评述的文字。

注释:用于著录电子图书以较正式的方式发布的书评,并说明评论者及来源。

术语类型:元素

著录范例:

书评:这是一部集经济管理与软件科技于一体的著作,也是在麻省理工、哈佛、芝加哥和伦敦大学执教的几位著名学者多年研究与教学成果的结晶。该书荣获 2006 年美国出版商协会经济管理类年度奖。——摘自“当当网”

第二部分　国家图书馆电子图书元数据著录规则

1 范围

本著录规则作为国家数字图书馆工程标准规范建设项目的电子图书元数据规范著录规则，给出了国家图书馆电子图书元数据描述的指导性原则。

本著录规则和《规范》配合使用，适用于著录各类电子图书，包括从印刷型图书数字化转化而来的派生电子图书资源，如：图书馆将本馆印刷型藏书数字化而成的电子图书，方正、书生、超星等数据库商将印刷型图书数字化而成的电子图书；以及直接以数字形式出版的原生电子图书资源①，如：以连载或完整的形式发布于网络平台的原创图书。古籍、方志、论文集、期刊、报纸等均不在著录对象范围之内。

本著录规则可以适用于所有电子图书的描述。使用单位可根据实际需要对特定用途的电子图书依据《规范》扩展规则来扩展元素。

2 规范性引用文件

下列文件对于本文件的应用是必不可少的。凡是注日期的引用文件，仅注日期的版本适用于本文件。凡是不注日期的引用文件，其最新版本（包括所有的修改单）适用于本文件。

DCMI DCSV: A syntax for representing simple structured data in a text sting

DCMI 结构化取值：在文本串中表现简单的结构化数据的句法

<http://dublincore.org/documents/2006/04/10/dcmi-dcsv>

DCMI Type Vocabulary. DCMI Recommendation, 28 August 2006. [DCMI-TYPE]

DCMI 资源类型表（推荐稿），2006 年 8 月 28 日[DCMI-TYPE]

<http://dublincore.org/documents/dcmi-type-vocabulary/>

Date and Time Formats, W3C Note. [W3CDTF]

日期与时间格式，W3C 注释[W3CDTF]

<http://www.w3.org/TR/NOTE-datetime>

Getty Thesaurus of Geogrphic Names. [TGN]

地理名称叙词表[TGN]

① 为行文简练起见，下文中将"从印刷型图书转化而来的派生电子图书资源"简称为"派生电子图书资源"，将"直接以数字形式出版的原生电子图书资源"简称为"原生电子图书资源"。

<http://www.getty.edu/research/conducting_research/vocabularies/tgn/index.html>

ISO 3166 - Codes for the representation of names of countries. [ISO3166]

ISO 3166 - 国家名称代码表[ISO3166]

<http://www.iso.org/iso/country_codes>

ISO 4217 - currency and funds name and code elements. [ISO4217]

ISO 4217 - 货币和资金代码[ISO4217]

<http://www.iso.org/iso/support/currency_codes_list-1.htm>

ISO 639-2 - Codes for the representation of names of languages, Alpha-3 code. [ISO639]

ISO 639-2 - 语种名称代码表,3 位代码[ISO639]

<http://www.loc.gov/standards/iso639-2/langhome.html>

MIME Media Types. [MIME]

因特网媒体类型[MIME]

<http://www.iana.org/assignments/media-types/>

Tags for Identifying Languages. [RFC4646]

语种标识表[RFC4646]

<http://www.ietf.org/rfc/rfc4646.txt>

Uniform Resource Identifiers (URI): Generic Syntax. [RFC3986]

统一资源标识符(URI):通用语法[RFC3986]

<http://www.ieft.org/rfc/rfc3986.txt>

3 著录总则

3.1 著录内容

本著录规则包含国家图书馆电子图书元数据规范的 19 个元素。著录总则对电子图书的著录对象、著录信息源、著录标识符、著录用文字和编码体系修饰词分别做了统一的规定,以确保电子图书统一、规范、全面而简洁的描述。

3.2 著录对象和著录单位

信息资源的著录对象，是指需要描述的信息资源本身。信息资源的著录单位，是指信息资源的记录单元。电子图书资源一般以具有独立标识（例如：一个唯一名称、URI 等）的一个电子图书资源为著录单位，可以是一种电子图书，或者电子图书的组成单元，也可以是成套或成系列的电子图书资源。

电子图书的著录对象之间的关系分析及宜采用的著录单位如下：

（1）包含关系：成套的电子图书资源与其中单部电子图书的关系，或单部电子图书资源与其局部章节的关系。对于包含关系，原则上宜以单部电子图书为著录单位；也可以根据实际需求，以整套电子图书资源或电子图书的局部章节为著录单位。

（2）派生关系：内容相同、由取得版权的同一出版者出版的不同格式电子图书之间的关系；内容相同、由取得版权的不同出版者出版的格式相同或相异的电子图书之间的关系。对于这种关系，原则上宜依据电子图书的内容和版权（对内容具有某种权利的出版者或发布者）共同来确定著录单位，具体处理方案如下：

- 由不同主体出版或发布的同一内容的电子图书，作为不同的著录单位处理；
- 由同一主体出版或发布的内容相同、格式相异的电子图书，作为一个著录单位处理。

可以根据实际需要，将具有包含或派生关系的电子图书资源各自单独著录。具有包含或派生关系的著录单位之间，可通过“关联”元素修饰词建立联系。

3.3 著录信息源

著录信息源来自被著录的信息资源本身。兼有数字版和印刷版的派生电子图书资源的著录信息源，一般以数字版特征为主著录，涉及印刷版本的特征，则从印刷版中提取著录项。各个具体著录项目以各自特定的规定信息源及其选取顺序作为著录依据。

3.4 著录标识符

著录标识符可以使各个著录单元更为明确，对于本规则中与 ISBD 的著录项目重复或相似的内容，推荐使用 ISBD 规定的著录标识符；若 ISBD 的规定不适用，推荐使用 DCMI DCSV（Dublin Core Structured Values）规范。

3.5 著录用文字

题名、版本、出版者及其修饰词，以及其他元素或其修饰词中的引用文字（如“描述”元素的“目次”修饰词项中的章节名称、“丛编”修饰词项中的丛编名）须用电子图书信息源上采用的文字著录。其中,繁体字电子图书按繁体著录,在交替题名中提供简体参照;外文的著录应依据其语言书写规范①;另外对于一些无法照录的图形及符号等,用文字来描述,并用方括号括起。其他元素及其修饰词除编码体系规定采用的字符外,宜采用简体中文作为著录用文字;元数据应用单位也可以根据实际应用需求,采用适用的文字(如西文资料采用英文)著录。

3.6 编码体系修饰词

本规则列出了一些常用的编码体系修饰词。元数据应用单位可以根据具体应用采用现有的,或自行定义所需的编码体系修饰词,如统一书号、出版商编号等。

4 著录规则的内容结构

电子图书的元数据记录包含电子图书元数据规范定义的19个元素及其相应的修饰词,除了必备与有则必备的数据项外,并不一定具备所有的元素及其修饰词。本规则不对元数据记录中各元素的排列次序作强制性的规定,应用者可以根据用户使用的习惯以及其他需求,自行决定元素的排列次序。

在著录细则中,以元素为主线撰写著录规则,每个元素说明的项目详见表1"著录规则中元素的说明项目";元素修饰词说明的项目详见表2"著录规则中元素修饰词的说明项目"。

表1 著录规则中元素的说明项目

项目	项目定义与内容
名称	赋予元素的唯一标记
标签	元素在此专门元数据规范中的标签,即在本著录规则中的标签
定义	元素在本元数据规范中的定义
元素的著录内容	在元数据规范中,核心元素、资源类型核心元素通常是比较抽象的,对于具体的资源对象,在著录规则中可以有细化的说明
注释	对元素著录时任何注意事项的说明
元素修饰词	若有元素修饰词,给出元素修饰词在本标准规范中的标签,其著录内容在下面具体说明

① 例如:某电子书的题名屏上,该书的名称显示为"CONSULTATIVE DOCUMENT ON PROPOSALS FOR REFORM OF PART VI OF THE COMPANIES ACT 1985",著录时建议转录为:"Consultative document on proposals for reform of part VI of the Companies Act 1985"。

续表

项目	项目定义与内容
编码体系修饰词及其用法	元素取值依据的各种受控词表和规范标记，或者其形式遵循的特定解析规则。因此，一个使用某一编码体系表达的值可能会是选自某一受控词表的标志（例如取自一部分类法或一套主题词表的标志）或一串根据规范标记格式化的字符（例如作为日期标准表达的“2000-01-01”）。 这里不仅要给出编码体系修饰词的名称，最重要的是，应给出编码体系修饰词的具体用法
规范文档	说明著录元素内容时依据的各种规范。元素取值可能来自各种受控词表和规范。它可以和编码体系修饰词一致，也可以是适应具体需要而做出的相关规则
必备性	说明元素是否必须著录。取值有：必备、可选、有则必备
可重复性	说明元素是否可以重复著录。取值有：可重复、不可重复
著录范例	著录元素时的典型实例。实例应包括元素与元素修饰词的著录说明

表 2　著录规则中元素修饰词的说明项目

项目	项目定义与内容
名称	赋予元素修饰词的唯一标记
标签	元素修饰词在此专门元数据规范中的标签，即在本著录规则中的标签
定义	元素修饰词在本元数据规范中的定义
元素修饰词的著录内容	说明元素修饰词的著录内容
注释	对元素修饰词著录时任何注意事项的说明
编码体系修饰词及其用法	元素修饰词取值依据的各种受控词表和规范标记，或者其形式遵循的特定解析规则。因此，一个使用某一编码体系表达的值可能会是选自某一受控词表的标志（例如取自一部分类法或一套主题词表的标志）或一串根据规范标记格式化的字符（例如作为日期标准表达的“2000-01-01”）。 这里不仅要给出编码体系修饰词的名称，最重要的是，应给出编码体系修饰词的具体用法
规范文档	说明著录元素修饰词内容时依据的各种规范。元素修饰词取值可能来自各种受控词表和规范。它可以和编码体系修饰词一致，也可以是适应具体需要而做出的相关规则
必备性	说明元素修饰词是否必须著录。取值有：必备、可选、有则必备
可重复性	说明元素修饰词是否可以重复著录。取值有：可重复、不可重复
著录范例	著录元素修饰词时的典型实例

5 著录细则

5.1 题名

名称:title

标签:题名

定义:电子图书的名称。

元素的著录内容:一般著录电子图书上显著出现的作为正式名称的词、词组、符号等。如不能从著录信息源或其他参考来源上找到题名,应自拟一个可概括电子图书内容的题名,置于方括号内,并在“描述”元素中记录“名称由编目者提供”。

注释:(1)电子图书的题名按其在规定信息源上出现的语句、顺序、字体(繁简字体)转录。(2)电子图书的题名可以由若干部分组成,如电子图书资源的主要题名与其他说明该题名的文字。(3)宜采用ISBD的著录标识符。

元素修饰词:交替题名

必备性:必备

可重复性:可重复

著录范例:

例1:题名:化学探秘

例2:题名:胡适文存. 第一卷

交替题名

名称:alternative

标签:交替题名

定义:可代替电子图书题名使用的其他任何题名,包括并列题名、缩略题名等。

元素修饰词的著录内容:著录可代替电子图书题名使用的其他任何题名,包括并列题名、缩略题名、翻译题名等。

注释:(1)宜参考采用ISBD的著录标识符。(2)有一个以上交替题名时,重复本元素修饰词。(3)与题名同时出现的其他文种题名作为交替题名著录。

必备性:有则必备

可重复性:可重复

著录范例:

例1:(题名:Knowledge Discovery for Business Information Systems)

交替题名:商业信息系统的知识发现

例2:(题名:选对色彩穿对衣)

交替题名:解读肤色与服装色彩的关系

交替题名:Color me beautiful

例3:(题名:法军与法国国防战略)

交替题名:L'Armée française et la stratégie de défense de la France

5.2 创建者

名称:creator

标签:创建者

定义:电子图书资源内容创作的主要责任人或团体。

元素的著录内容:著录创建电子图书内容的责任者。一般为个人、团体的名称,可以包括除责任方式以外的修饰成分,如作者生卒年、朝代、国别、外文原名等。

注释:(1)由个人或团体的名称来表示。(2)有一个以上主要责任者时,重复本元素。元数据应用单位根据具体需要确定著录的主要责任者数目上限;超过上限未著录于本元素的主要责任者可著录于"描述"元素项。

元素修饰词:责任方式

规范文档:宜为创建者建立规范文档。

必备性:有则必备

可重复性:可重复

著录范例:

例1:创建者:伍尔芙(Woolf,Virginia 1882—1941)

例2:创建者:International Conference on Production Research(12th:1993:Lappeenranta, Finland)

责任方式

名称:role

标签:责任方式

定义:创建者与电子图书之间的责任关系。

元素修饰词的著录内容:著录责任者创建电子图书内容或对该内容做出其他贡献的方式,如著、编著、主编等。

注释:一个主要责任者承担一种以上责任方式(包括其他责任方式)时,著录于同一"责任方式”修饰词项。

规范文档:宜为责任方式建立规范文档。

必备性:有则必备

可重复性:可重复

著录范例:

责任方式:主编

注:该电子图书的创建者为梁实秋(1902—1987)。

5.3 主题

名称:subject

标签:主题

定义:描述电子图书主题内容的受控或非受控的词汇和类号。

元素的著录内容:著录描述电子图书主题内容的受控或非受控的词汇和类号,包括主题词、关键词、分类号等。

注释:(1)有一个以上主题(主题词串、分类号等)时,重复本元素。(2)元素值优先取自编码体系修饰词中所列的词表或分类体系。(3)元数据应用单位可根据需要采用其他编码体系修饰词。关键词不需编码体系修饰词。

元素修饰词:无

编码体系修饰词及其用法:美国国会图书馆主题词表、医学主题词表、杜威十进分类法、美国国会图书馆分类法、国际十进分类法、汉语主题词表、中国图书馆分类法、中国科学院图书馆图书分类法、中国分类主题词表

规范文档:LCSH(美国国会图书馆主题词表)、MeSH(医学主题词表)、DDC(杜威十进分类法)、LCC(美国国会图书馆分类法)、UDC(国际十进分类法)、CT(汉语主题词表)、CLC(中国图书馆分类法)、LASC(中国科学院图书馆图书分类法)、CCT(中国分类主题词表)

必备性:可选

可重复性:可重复

著录范例:

例1:主题:H31(编码体系 = CLC)

例2:主题:算法结构—手册(编码体系 = CT)

例3:主题:Popular music—History and criticism(编码体系 = LCSH)

例4:主题:Flowmeters—congresses(编码体系 = MeSH)

例5:主题:TK7895(编码体系 = LCC)

例6:主题:621.381/73(编码体系=DDC)

例7:主题:633.13-155(410)“18”(编码体系=UDC)

例8:主题:中国—古代史—南明(编码体系=CCT)

例9:主题:29.3(编码体系=LASC)

5.4 描述

名称:description

标签:描述

定义:对电子图书内容的说明描述。

元素的著录内容:用于说明电子图书目次、摘要、附注等信息。凡不能反映于其他专门元素或元素修饰词项的有关电子图书内容的说明(如关于自拟题名的说明),著录于此。

注释:(1)除有元素修饰词限定外,一般可在描述事项前冠以引导语。(2)目次主要著录电子图书的组成部分,包括章节、文档、图形、样式表等;摘要主要著录用自由行文描述的电子图书的主要内容;电子图书包含的插图、自拟题名的说明等不能反映于其他专门元素或元素修饰词的有关内容,均可著录于此。

元素修饰词:目次、摘要

必备性:可选

可重复性:可重复

著录范例:

例1:目次:第1章,绪论;第2章,线性表……

例2:摘要:本书深入浅出地解读了中国经济在改革开放30年来取得的惊人奇迹和骄人成果,完整地阐释了中国上世纪90年代经济迅猛发展的根本原因。

例3:描述:插图5幅

例4:描述:该资源尚未发布完整版,最后更新于2010年04月23日。

注:例4中的资源为正在连载的网络电子图书,著录时尚未发布完整版,著录时宜在“描述”项中加以说明。

5.4.1 目次

名称:table of contents

标签:目次

定义:组成电子图书的所有单元的列表。

元素修饰词的著录内容:著录电子图书的组成部分,包括章节、文档、图形、样式表等。

注释:(1)宜采用ISBD的著录标识符。(2)元数据应用单位可以根据实际应用时的具体需要,来确定目次著录的具体操作规则。著录电子图书资源的目次主要有两个作用:一是便于资源间的连接,二是描述和揭示本资源的内容。如果需要实现资源间的连接功能,宜对各目次进行逐一著录;如果主要为了揭示本资源的内容,宜确定著录的目次上限;对于无实际内容的章节目次,可以不著录。

必备性:可选

可重复性:可重复

著录范例:

例 1:目次:第 1 章,绪论;第 2 章,线性表……

例 2:目次:第一篇,修辞学/亚里士多德著;第二篇,论出版自由/弥尔顿著……

5.4.2　摘要

名称:abstract

标签:摘要

定义:电子图书内容的概括性描述。

元素修饰词的著录内容:关于电子图书主要内容的概括性描述。

注释:用自由行文的形式简要描述资源的内容。

必备性:可选

可重复性:可重复

著录范例:

摘要:本书详细介绍了知识管理的起源、流程、模型和案例。

5.5　出版者

名称:publisher

标签:出版者

定义:使资源可以获得和利用的责任实体。

元素的著录内容:著录电子图书的出版者或颁布者。

注释:(1)有一个以上出版者时,重复本元素。(2)对于由印刷型图书转化而来的电子书,可借鉴美国国会图书馆的处理方法:即在出版者处著录印刷型图书的出版者,而在权限项说明其数字制作单位。(3)对于网络出版的电子图书,根据其出版协议签署单位来确定出版者。

元素修饰词:出版地

必备性:有则必备

可重复性:可重复

著录范例:

出版者:北京大学出版社

出版地

名称:place

标签:出版地

定义:电子图书出版者的所在地点。

元素修饰词的著录内容:说明电子图书出版者所在地点。如不能确定城市,也可用其所在的省份或国家。

注释:(1)一个出版者有两个出版地时,两个出版地著录于同一“出版地”修饰词项。宜采用 ISBD 的著录标识符。(2)不同出版者的出版地著录于相对应的“出版地”修饰词项。

必备性:可选

可重复性:可重复

著录范例:

例 1:出版地:南宁

出版地:桂林

例 2:出版地:上海;北京

例 3:出版地:吉林

注:例 1 中的出版者分别为广西美术出版社和广西师范大学出版社,例 2 的出版者为三联书店,例 3 的出版者为吉林出版社。

5.6 其他责任者

名称:contributor

标签:其他责任者

定义:对电子图书内容做出贡献的主要责任者之外的实体。

元素的著录内容:用以著录电子图书资源主要责任者之外的其他责任者名称,即未被选作创建者(主要责任者)的知识贡献者,一般为个人、团体或某项服务系统的名称,可以包括除责任方式外的修饰成分,如作者生卒年、朝代、国别、外文原名等。

注释:有一个以上其他责任者时,重复本元素。元数据应用单位根据具体需要确定著录的其他责任者数目上限;未著录于本元素的其他责任者可著录于“描述”元素项。

元素修饰词:责任方式

规范文档:宜为其他责任者建立规范文档。

必备性:可选

可重复性:可重复

著录范例:

其他责任者:朱生豪(1912—1944)

责任方式

名称:role

标签:责任方式

定义:责任者与电子图书之间的责任关系。

元素修饰词的著录内容:用于表示责任者贡献于电子图书资源内容的方式,如编、译等。

注释:一个其他责任者承担一种以上责任方式时,著录于同一“责任方式”修饰词项。

规范文档:宜为责任方式建立规范文档。

必备性:有则必备

可重复性:可重复

著录范例:

其他责任者:朱生豪(1912—1944)

责任方式:译

注:可显示为:朱生豪(1912—1944)译

5.7 日期

名称:date

标签:日期

定义:与电子图书生命周期中的一个事件相关的时刻或一段时间。

元素的著录内容:主要著录与电子图书出版、颁布、创建有关的日期。

注释:著录公历日期和时间以及时间间隔时,可遵循“GB/T 7408—2005/ISO 8601:2000 数据元和交换格式 信息交换 日期和时间表示法”。如:表示一段时间间隔时,用起讫日期表示,起始日期和结束日期之间用“/”分隔①。

元素修饰词:出版日期、创建日期、获取日期

编码体系修饰词及其用法:W3CDTF、period;日期取值自编码体系修饰词,一般采用YYYY-MM-DD的表达方式

---

① GB/T 7408—2005/ISO 8601:2000 数据元和交换格式 信息交换 日期和时间表示法.[2011-12-22]. http://www.sac.gov.cn/SACSearch/search?channelid=160591&templet=gjcxjg_detail.jsp&searchword=STANDARD_CODE=GB/T 7408-2005&XZ=T

规范文档:W3CDTF、DCMI Period

必备性:有则必备

可重复性:可重复

著录范例:

例 1:出版日期:1996-10

例 2:创建日期:2000-01-12

例 3:获取日期:2010-08-04

5.7.1 出版日期

名称:issued

标签:出版日期

定义:电子图书出版或颁布的日期。

元素修饰词的著录内容:用于注明电子图书出版或颁布的日期。在具体著录时,对派生电子图书应著录印刷版原件的出版日期。如果需描述派生电子图书的数字出版日期,可以在日期后予以说明。

注释:(1)元数据应用单位可根据具体应用采用其他编码体系修饰词。(2)如需以成套电子图书为著录单位,当套系电子图书的出版日期是一个时间段时,可以用起讫日期表示。

编码体系修饰词及其用法:period、W3CDTF;日期取值自编码体系修饰词,一般采用 YYYY-MM-DD 的表达方式

规范文档:W3CDTF、DCMI Period

必备性:有则必备

可重复性:可重复

著录范例:

例 1:出版日期:2000

例 2:出版日期:2001-02(数字出版日期)

5.7.2 创建日期

名称:created

标签:创建日期

定义:电子图书创建的日期。

元素修饰词的著录内容:用于注明创建(或制作)电子图书的日期。如,派生电子图书资源的数字化制作日期。

注释:元数据应用单位可根据具体应用采用其他编码体系修饰词。

编码体系修饰词及其用法:period、W3CDTF;日期取值自编码体系修饰词,一般采用

YYYY-MM-DD 的表达方式

规范文档:W3CDTF、DCMI Period

必备性:有则必备

可重复性:可重复

著录范例:

创建日期:1998-01-12(编码体系 = W3CDTF)

5.7.3　获取日期

名称:available

标签:获取日期

定义:电子图书可被使用或被获取的日期。

元素修饰词的著录内容:著录电子图书资源可供利用的日期。一般是一个时间段。

注释:元数据应用单位可根据具体应用采用其他编码体系修饰词。

编码体系修饰词及其用法:period、W3CDTF;日期取值自编码体系修饰词,一般采用 YYYY-MM-DD 的表达方式

规范文档:W3CDTF、DCMI Period

必备性:有则必备

可重复性:可重复

著录范例:

获取日期:2008-01-12/2010-12-31

5.8　类型

名称:type

标签:类型

定义:电子图书资源的类别。

元素的著录内容:著录资源内容的特征和类型。

注释:本著录规则中,宜按照《国家图书馆专门元数据设计规范》的“信息资源名称规范列表”要求,将类型缺省取值为“电子图书”。

元素修饰词:无

编码体系修饰词及其用法:DCMIType

规范文档:DCMI Type

必备性:可选

可重复性:可重复

著录范例:

类型:电子图书

5.9 格式

名称:format

标签:格式

定义:电子图书的物理或电子形态。

元素的著录内容:著录电子图书的物理或电子形态。有关电子图书的(资源)载体、文件大小、页码等著录于此。

注释:(1)有一种以上格式时,重复本元素。(2)元数据应用单位可根据具体应用采用其他编码体系修饰词。

元素修饰词:资源载体,文件大小,页码,技术细节

编码体系修饰词及其用法:IMT

规范文档:IMT

必备性:有则必备

可重复性:可重复

著录范例:

例 1:资源载体:CD-ROM

例 2:文件大小:1476KB

例 3:页码:568 页

例 4:格式:PDF

5.9.1 资源载体

名称:medium

标签:资源载体

定义:电子图书的载体形式。

元素修饰词的著录内容:注明电子图书为 CD 形式,还是其他数字形式。

注释:(1)说明电子图书的载体形式,如光盘;(2)同一文件的两种或多种格式保存在不同的载体上,对应于每种格式的资源载体可重复描述。

必备性:有则必备

可重复性:可重复

著录范例:

例 1:资源载体:CD-ROM

例 2:资源载体:CD-ROM;HD-ROM

资源载体:CD-ROM;HD-ROM

注:例 2 中电子图书有两种格式,分别为 HTML 和 TXT。

5.9.2 文件大小

名称:extent

标签:文件大小

定义:电子图书的存储容量。

元素修饰词的著录内容:用于注明电子图书存贮容量大小,包括其文件单位代码。

注释:如果一个电子书由若干个文件组成,宜描述该电子书所有文件的总的大小。并在“描述”元素中记录文件个数。

必备性:有则必备

可重复性:可重复

著录范例:

例 1:文件大小:1476KB

例 2:文件大小:8220KB

描述:文件大小为该电子书的总的大小,该电子书由 17 个文件组成。

5.9.3 页码

名称:page

标签:页码

定义:电子图书的标注页码或近似页码。

元素修饰词的著录内容:用于注明电子图书的标注页码或近似页码。

必备性:可选

可重复性:不可重复

著录范例:

页码:568 页

5.9.4 技术细节

名称:technique

标签:技术细节

定义:与电子图书格式相关的技术环境信息。

元素修饰词的著录内容:用于描述与电子图书资源格式相关的技术环境细节,如阅读软件与设备、数字化系统、制作软件、扫描分辨率、压缩码、色彩、制作方法、是否有声等。

注释:(1)当描述与电子图书资源格式相关的技术环境细节及制作资源所需要的软硬件

设备时，可根据内容的关联程度，将其分别记录在若干个技术细节内。(2)同一技术细节项内不同技术环境或技术指标之间用“#;#”分隔。(3)可记录技术细节的名称，在“:#”后记录其取值。

必备性：有则必备

可重复性：可重复

著录范例：

例1：技术细节：扫描分辨率：300DPI

例2：技术细节：有声

技术细节：彩色

注：例2中的电子图书是彩色、有声电子书，将其色彩和语音分别记录于两个技术细节内。

5.10 标识符

名称：identifier

标签：标识符

定义：在特定环境中，给予资源的一个明确标识。

元素的著录内容：著录在特定的环境中确认电子图书的唯一标识，如URI、ISBN、DOI。

注释：建议采用符合正式标识体系的字符串进行标识，如URI、DOI、ISBN。如果缺少资源全球性的唯一标识，可提供一个本地属性的自构或衍生标识符号。可由标识应用系统的前缀(即标识符的类型)与一字符串(即标识符的值)组成。可由系统自动产生或由人工赋予。

编码体系修饰词及其用法：URI(统一资源标识)、DOI(数字对象标识)、ISBN(国际标准书号)

规范文档：URI(统一资源标识)、DOI(数字对象标识)、ISBN(国际标准书号)

必备性：有则必备

可重复性：可重复

著录范例：

例1：标识符：7-81050-922-1(编码体系=ISBN)

例2：标识符：http://202.121.226.4/bookhtm/book.asp?lib=00120401(编码体系=URI)

例3：标识符：10.1007/978-1-4020-6901-7(编码体系=DOI)

5.11 来源

名称：source

标签：来源

定义：电子图书的出处信息。

元素的著录内容:著录资源的出处信息,当前资源可以是来源资源的全部或一部分。

注释:(1)该元素著录与当前资源有关的另一资源的信息,当前资源部分或全部源自该资源。(2)著录衍生当前电子图书资源的资源名称或标识;宜使用符合正式标识系统的字符串或者数字组合。如无法获得标识,可做书目描述。(3)依据 DC 图书馆应用纲要中"来源元素只用于被描述资源是由非数字化形式转为数字化形式;其他情况下用关联元素"的规定,宜将派生电子图书资源的印刷本信息著录于此。(4)元数据应用单位可根据具体应用采用其他编码体系修饰词。

编码体系修饰词及其用法:URI(统一资源标识)、DOI(数字对象标识)、ISBN(国际标准书号)

规范文档:URI(统一资源标识)、DOI(数字对象标识)、ISBN(国际标准书号)

必备性:可选

可重复性:可重复

著录范例:

来源:7-81050-972-1(编码体系 = ISBN)

5.12 语种

名称:language

标签:语种

定义:电子图书的文字语种。

元素的著录内容:著录电子图书的文字语种。

注释:一种以上语种时,重复本元素。元数据应用单位可根据具体应用采用其他编码体系修饰词。

编码体系修饰词及其用法:ISO639-2、RFC4646

规范文档:ISO639-2、RFC4646

必备性:可选

可重复性:可重复

著录范例:

例 1:语种:汉语

例 2:语种:eng(编码体系 = ISO639-2)

例 3:(名称:阴阳师安倍晴明)

语种:chi(编码体系 = ISO639-2)

语种:jpn(编码体系 = ISO639-2)

注:例 3 中的电子图书为双语对照的网络电子图书。

5.13 关联

名称:relation

标签:关联

定义:与著录的电子图书相关的其他资源。

元素的著录内容:著录与电子图书关联的其他资源,这些关系包括包含与被包含、参照与被参照、其他版本与原版本、其他格式与原格式等

注释:相关资源一般独立存在。元数据应用单位可根据具体应用采用其他编码体系修饰词。

元素修饰词:包含、包含于、参照、被参照、其他版本、原版本、其他格式、原格式

编码体系修饰词及其用法:URI(统一资源标识)、DOI(数字对象标识)、ISBN(国际标准书号)

规范文档:URI(统一资源标识)、DOI(数字对象标识)、ISBN(国际标准书号)

必备性:可选

可重复性:可重复

著录范例:

例1:包含:http://reference. lib. sjtu. edu. cn/cgi-bin/detailframe. cgi?30202368&10&343&9 * * &1(编码体系 = URI)

例2:包含于:7302023689(编码体系 = ISBN)

例3:参照:http://avel. edu. au(编码体系 = URI)

例4:被参照:http://www. edna. edu. au/metadata(编码体系 = URI)

例5:其他版本:http://202. 121. 226. 4/bookhtm/book. asp?lib = 00120401(编码体系 = URI)

例6:原版本:7-5635-0025-1(编码体系 = ISBN)

例7:其他格式:http://www. pdasky. com/soft/6505. htm(编码体系 = URI)

例8:原格式:http://book. sina. com. cn/nzt/lit/tianheiyihou/1. shtml(编码体系 = URI)

5.13.1 包含

名称:has part

标签:包含

定义:说明电子图书在物理上或逻辑上包含了另一资源。

元素修饰词的著录内容:用以揭示电子图书的组成部分,如章节;各组成部分可另行单独著录。

注释:(1)被包含资源一般独立存在。(2)元数据应用单位可根据具体应用采用其他编码

体系修饰词。

编码体系修饰词及其用法:URI(统一资源标识)、DOI(数字对象标识)、ISBN(国际标准书号)

规范文档:URI(统一资源标识)、DOI(数字对象标识)、ISBN(国际标准书号)

必备性:可选

可重复性:可重复

著录范例:

包含:http://reference. lib. sjtu. edu. cn/cgi-bin/detailframe. cgi?30202368&10&343&9 * * &1(编码体系 = URI)

5.13.2 包含于

名称:is part of

标签:包含于

定义:说明电子图书是另一资源的物理或逻辑组成部分。

元素修饰词的著录内容:用以揭示电子图书资源所从属的资源;此资源可另行单独著录。

注释:包含资源一般独立存在。元数据应用单位可根据具体应用采用其他编码体系修饰词。

编码体系修饰词及其用法:URI(统一资源标识)、DOI(数字对象标识)、ISBN(国际标准书号)

规范文档:URI(统一资源标识)、DOI(数字对象标识)、ISBN(国际标准书号)

必备性:可选

可重复性:可重复

著录范例:

包含于:http://www. jsshedu. net. cn/pfsk/71/(编码体系 = URI)

5.13.3 参照

名称:references

标签:参照

定义:说明电子图书参照、引用或以其他方式指向另一资源。

元素修饰词的著录内容:著录被参照的其他资源。一般用字符串或数字代码标识被参照资源。

注释:被参照资源一般独立存在。元数据应用单位可根据具体应用采用其他编码体系修饰词。

编码体系修饰词及其用法:URI(统一资源标识)、DOI(数字对象标识)、ISBN(国际标准书号)

规范文档:URI(统一资源标识)、DOI(数字对象标识)、ISBN(国际标准书号)

必备性:可选

可重复性:可重复

著录范例:

参照:http://avel. edu. au(编码体系 = URI)

5.13.4 被参照

名称:is referenced by

标签:被参照

定义:说明另一资源参照、引用或以其他方式指向本电子图书。

元素修饰词的著录内容:著录参照本资源的其他资源。一般用字符串或数字代码标识其他资源。

注释:参照资源一般独立存在。元数据应用单位可根据具体应用采用其他编码体系修饰词。

编码体系修饰词及其用法:URI(统一资源标识)、DOI(数字对象标识)、ISBN(国际标准书号)

规范文档:URI(统一资源标识)、DOI(数字对象标识)、ISBN(国际标准书号)

必备性:可选

可重复性:可重复

著录范例:

被参照:http://www. edna. edu. au/metadata(编码体系 = URI)

5.13.5 其他版本

名称:has version

标签:其他版本

定义:说明另一资源是本电子图书的不同版本。

元素修饰词的著录内容:著录其他版本的相关资源。一般用字符串或数字代码标识其他资源。

注释:其他版本资源一般独立存在。元数据应用单位可根据具体应用采用其他编码体系修饰词。

编码体系修饰词及其用法:URI(统一资源标识)、DOI(数字对象标识)、ISBN(国际标准书号)

规范文档:URI(统一资源标识)、DOI(数字对象标识)、ISBN(国际标准书号)

必备性:可选

可重复性:可重复

著录范例:

其他版本:http://202.121.226.4/bookhtm/book.asp?lib=00120401(编码体系=URI)

5.13.6 原版本

名称:is version of

标签:原版本

定义:说明另一资源是本电子图书的原版本。

元素修饰词的著录内容:著录原版本资源。一般用字符串或数字代码标识原版本资源。

注释:原版本资源一般独立存在。元数据应用单位可根据具体应用采用其他编码体系修饰词。

编码体系修饰词及其用法:URI(统一资源标识)、DOI(数字对象标识)、ISBN(国际标准书号)

规范文档:URI(统一资源标识)、DOI(数字对象标识)、ISBN(国际标准书号)

必备性:可选

可重复性:可重复

著录范例:

原版本:7-5635-0025-1(编码体系=ISBN)

5.13.7 其他格式

名称:has format

标签:其他格式

定义:说明另一资源派生自本电子图书,且内容完全相同,仅以不同的格式存在。

元素修饰词的著录内容:著录其他格式的相关资源。一般用字符串或数字代码标识其他相关资源。

注释:其他格式一般独立存在。元数据应用单位可根据具体应用采用其他编码体系修饰词。

编码体系修饰词及其用法:URI(统一资源标识)、DOI(数字对象标识)、ISBN(国际标准书号)

规范文档:URI(统一资源标识)、DOI(数字对象标识)、ISBN(国际标准书号)

必备性:可选

可重复性:可重复

著录范例:

其他格式:http://www.pdasky.com/soft/6505.htm(编码体系=URI)

5.13.8 原格式

名称:is format of

标签:原格式

定义:说明本电子图书派生自另一资源,且内容完全相同,仅以不同的格式存在。

元素修饰词的著录内容:著录原格式的相关资源。一般用字符串或数字代码标识原格式资源。

注释:原格式资源一般独立存在。元数据应用单位可根据具体应用采用其他编码体系修饰词。

编码体系修饰词及其用法:URI(统一资源标识)、DOI(数字对象标识)、ISBN(国际标准书号)

规范文档:URI(统一资源标识)、DOI(数字对象标识)、ISBN(国际标准书号)

必备性:可选

可重复性:可重复

著录范例:

原格式:http://book. sina. com. cn/nzt/lit/tianheiyihou/1. shtml(编码体系 = URI)

5.14 时空范围

名称:coverage

标签:时空范围

定义:电子图书内容的时间、空间特征。

元素的著录内容:著录电子图书内容涉及的时间、空间。在需要对时间、空间区别表达时,应采用相应的修饰词。

注释:(1)有一个以上时空范围时,重复本元素。相对应的时间范围与空间范围著录于同一"时空范围"元素项。(2)元数据应用单位可根据具体应用采用其他编码体系修饰词。

元素修饰词:时间范围、空间范围

编码体系修饰词及其用法:period、W3CDTF、point、ISO3166

规范文档:DCMI Period、W3CDTF、DCMI Point、ISO3166

必备性:可选

可重复性:可重复

著录范例:

例 1:时间范围:中世纪

　　空间范围:意大利

例2:时间范围:name = 第一次世界大战;start:1914;end:1918(编码体系 = period)

例3:空间范围:name = Paris;east = 2. 20;north = -48. 52(编码体系 = point)

5. 14. 1　时间范围

名称:temporal

标签:时间范围

定义:电子图书内容的时间特征。

元素修饰词的著录内容:著录电子图书内容涉及的时间特征。包括时代、日期、时间段。

注释:(1)时间的表达宜采用受控的词汇。(2)著录公历时间间隔时,可遵循"GB/T 7408—2005/ISO 8601:2000　数据元和交换格式 信息交换 日期和时间表示法",用起讫日期表示,起始日期和结束日期之间用"/"分隔。

编码体系修饰词及其用法:period、W3CDTF

规范文档:DCMI Period、W3CDTF

必备性:可选

可重复性:可重复

著录范例:

例1:时间范围:清代

例2:时间范围:name = 第一次世界大战;start:1914;end:1918(编码体系 = period)

例3:时间范围:1616-01-01/1912-02-12(编码体系 = W3CDTF)

5. 14. 2　空间范围

名称:spatial

标签:空间范围

定义:电子图书内容的空间特征。

元素修饰词的著录内容:著录电子图书内容涉及的空间特征。包括地点、地理坐标。

注释:空间的表达宜采用受控的词汇。

编码体系修饰词及其用法:point、ISO3166

规范文档:DCMI Point、ISO3166

必备性:可选

可重复性:可重复

著录范例:

例1:空间范围:意大利

例2:空间范围:name = Perth,W. A. ;east = 115. 85717;north = -31. 95301(编码体系 = point)

5.15 权限

名称:rights

标签:权限

定义:电子图书本身所有的或被赋予的权限信息。

元素的著录内容:著录电子图书的版权信息及其相关使用访问权限信息。

元素修饰词:版权拥有者,使用权限

注释:(1)不同的权限可重复本元素。(2)可冠以说明权限类型的引导语,如:“授权声明”。

必备性:有则必备

可重复性:可重复

著录范例:

例1:权限:版权拥有者:北大方正

例2:权限:使用权限:上海交通大学图书馆

5.15.1 版权拥有者

名称:rights holder

标签:版权拥有者

定义:拥有电子图书版权的个体或机构的名称。

元素修饰词的著录内容:版权拥有者的名称,可以是个人或机构的名称。

必备性:有则必备

可重复性:可重复

著录范例:

版权拥有者:北大方正

5.15.2 使用权限

名称:access rights

标签:使用权限

定义:授权使用电子图书资源的个人、机构,及所授访问使用权限信息。

元素修饰词的著录内容:著录授权使用电子图书资源的个人与机构,及说明资源的使用访问条件与政策。

必备性:有则必备

可重复性:可重复

著录范例:

使用权限:国家图书馆

5.16 版本

名称:edition

标签:版本

定义:电子图书的版本。

元素的著录内容:著录电子图书的版本或版次信息以及其他附加说明。

必备性:有则必备

可重复性:可重复

著录范例:

例1:第2版

例2:修订版

5.17 馆藏信息

名称:location

标签:馆藏信息

定义:电子图书的收藏机构及相关地址信息。

元素的著录内容:著录电子图书的收藏信息,如光盘电子书的馆藏地址。

注释:用于说明电子图书的收藏信息,如光盘电子书的馆藏地址。

必备性:有则必备

可重复性:可重复

著录范例:

馆藏信息:国家图书馆;2010/EOD/001300

注:该电子图书资源是国家图书馆馆藏的CD-ROM电子图书,将其光盘索取号著录于此。题名为见证省思践行,资源载体为CD-ROM。

5.18 价格

名称:price

标签:价格

定义:电子图书的价格说明。

元素的著录内容:著录电子图书信息源上所标识的价格或获取价格。

注释:(1)有多个价格时本元素可重复。(2)如需著录派生电子图书资源所对应的印刷型图书资源的价格,可在价格后注明。如:价格:CNY2.30(印刷版)。

编码体系修饰词及其用法:ISO4217

规范文档:ISO4217

必备性:有则必备

可重复性:可重复

著录范例:

价格:CNY 30.00(印刷版)(编码体系 = ISO4217)

5.19 书评

名称:book review

标签:书评

定义:对电子图书内容或形式进行介绍或评述的文字。

元素的著录内容:著录对电子图书内容或形式进行介绍或评述的文字。

注释:用于著录电子图书的以较正式的方式发布的书评,并说明评论者及来源。可以自由行文。

必备性:可选

可重复性:可重复

著录范例:

书评:这是一部集经济管理与软件科技于一体的著作,也是在麻省理工、哈佛、芝加哥和伦敦大学执教的几位著名学者多年研究与教学成果的结晶。该书荣获 2006 年美国出版商协会经济管理类年度奖。——摘自“当当网”

附录:国家图书馆电子图书元数据规范著录样例

范例(1)网络电子图书,国图用硬盘和光盘保存所有格式

题名		重生人祖
创建者		卫栖凰
	责任方式	著
主题		I207.425(编码体系 = CLC)
主题		长篇小说(编码体系 = CT)
描述		该资源尚未发布完整版,最后更新于 2010 年 04 月 23 日。
	目次	第一章,流年不利;第二章,英雄救美……
出版者		起点中文网
	出版地	上海
资源类型		电子图书
格式		HTML
	资源载体	CD-ROM;HD-ROM
	文件大小	324KB
格式		TXT
	资源载体	CD-ROM;HD-ROM
	文件大小	297KB
格式		CHM
	资源载体	CD-ROM;HD-ROM
	文件大小	171KB
标识符		I207.425/ccrz-html-cd
标识符		I207.425/ccrz-html-hd
标识符		I207.425/ccrz-txt-cd
标识符		I207.425/ccrz-txt-hd
标识符		I207.425/ccrz-chm-cd
标识符		I207.425/ccrz-chm-hd
语种		chi(编码体系 = ISO639-2)
权限	版权拥有者	起点中文网
	使用权限	公开

范例(2)网络电子图书,国图用硬盘和光盘保存所有格式(有印刷本)

题名		选对色彩穿对衣
	交替题名	解读肤色与服装色彩的关系
	交替题名	Color me beautiful
创建者		王静
	责任方式	著
主题		TS941.11(编码体系 = CLC)
主题		服饰美学(编码体系 = CT)
		服装色彩学(编码体系 = CT)
描述		图表 178 幅
	摘要	本书从色彩出发,涵盖色彩与形象塑造的专业知识,以轻松时尚的笔触,从辨色、测色、穿色到配色,用王静老师独创的超实用色彩测试工具配合大量实例、故事及小贴士,讲解色彩搭配的原则和技巧。
	目次	第一章,识色;第二章,测色……
出版者		漓江出版社
	出版地	桂林
日期	出版日期	2010
资源类型		电子图书
格式		HTML
	资源载体	CD-ROM;HD-ROM
	页码	187 页
标识符		TS941.11/xdsccdy-html-cd
标识符		TS941.11/xdsccdy-html-hd
来源		978-7-54074-676-6(编码体系 = ISBN)
语种		chi(编码体系 = ISO639-2)
权限	使用权限	公开
价格		CNY30.00(印刷版)(编码体系 = ISO4217)

范例(3)国图馆藏 CD-ROM 电子图书

题名		法军与法国国防战略
	交替题名	L'Armée française et la stratégie de défense de la France
创建者		丁步洲
	责任方式	主编
主题		E565(编码体系 = CLC)
主题		军队—概况—法国(编码体系 = CT)
主题		国防—研究—法国(编码体系 = CT)
出版者		电子出版物数据中心
	出版地	北京
出版者		解放军外语音像出版社
	出版地	洛阳
其他责任者		肖洁
	责任方式	制作
日期	出版日期	2006
资源类型		电子图书
格式	资源载体	CD-ROM
标识符		7-89993-427-3(编码体系 = ISBN)
语种		chi(编码体系 = ISO639-2)
关联	包含于	解放军外国语学院社科专著系列
权限	版权拥有者	解放军外语音像出版社
	版权拥有者	电子出版物数据中心
	使用权限	遵循国家图书馆相关规定
价格		CNY35.40(编码体系 = ISO4217)
馆藏信息		国家图书馆;2007/EOD/000170

范例(4)国图馆藏 CD-ROM 电子图书

题名		全国总书目 2008
	交替题名	China national bibliography. 2008
创建者		新闻出版总署信息中心
	责任方式	编
创建者		《全国总书目》编辑部
	责任方式	编
主题		Z812.1(编码体系 = CLC)
主题		国家书目—中国(编码体系 = CT)
描述		附书(128 页;21cm)
出版者		电子出版物数据中心
	出版地	北京
出版者		中国版本图书馆
	出版地	北京
其他责任者		北京中新联数码科技股份有限公司
	责任方式	制作
日期	创建日期	2009
资源类型		电子图书
格式	资源载体	CD-ROM
	技术细节	彩色
标识符		978-7-89991-117-4(编码体系 = ISBN)
语种		chi(编码体系 = ISO639-2)
时空范围	时间范围	2008
权限	版权拥有者	新闻出版总署信息中心
	使用权限	遵循国家图书馆相关规定
价格		CNY1000.00(编码体系 = ISO4217)
馆藏信息		国家图书馆;2011/EOD/000056

范例(5)方正电子图书库中的电子图书

题名		昌平山水记
题名		京东考古录
创建者		(清)顾炎武(1613—1682)
	责任方式	著
主题		K928.649(编码体系 = CLC)
主题		历史地理—考证—中国—清代(编码体系 = CT)
出版者		北京古籍出版社
	出版地	北京
日期	出版日期	1980
资源类型		电子图书
格式		CEB
	文件大小	4882KB
	页码	61 页
	技术细节	阅读软件:Apabi Reader 阅读器
标识符		m.20070529-m801-w502-108①
来源		12205.5②
语种		chi(编码体系 = ISO639-2)
时空范围	时间范围	明末
	空间范围	北京
权限	使用权限	上海交通大学校园网
价格		CNY0.31(印刷版)(编码体系 = ISO4217)

① 数据库内部的资源唯一标识符。

② 统一书刊号。

范例(6)方正电子图书库中的电子图书

题名		波斯语基础教程
创建者		李湘
	责任方式	主编
主题		H733(编码体系 = CLC)
主题		41.633(编码体系 = LASC)
主题		伊朗语支—高等学校—教材(编码体系 = CT)
出版者		北京大学出版社
	出版地	北京
日期	出版日期	1991
资源类型		电子图书
格式		CEB
	文件大小	5347KB
	页码	291 页
	技术细节	阅读软件:Apabi Reader 阅读器
标识符		7-301-01397-3(编码体系 = ISBN)
来源		7-301-01397-3(编码体系 = ISBN)
语种		chi(编码体系 = ISO639-2)
权限	使用权限	上海交通大学校园网
价格		CNY2.95(印刷版)(编码体系 = ISO4217)

范例(7)方正电子图书库中的电子图书

题名		老香烟牌子画丛
创建者		盛巽昌
	责任方式	编著
主题		J524.4(编码体系 = CLC)
主题		京剧艺术—商标—中国—图集(编码体系 = CT)
描述	摘要	本卷收编的香烟牌子,以传统京剧艺术折子戏内容及部分人物脸谱为主体,情节为辅,并对每张香烟牌子所绘图像作了一句话的介绍和点评。
	目次	1,京剧剧目和角色;2,各家脸谱;3,演员剧照;4,连台本戏和戏曲故事。
出版者		上海世界图书出版公司
	出版地	上海
日期	出版日期	2002
资源类型		电子图书
格式		CEB
	技术细节	阅读软件:Apabi Reader 阅读器
标识符		http://apabi.lib.sjtu.edu.cn/product2.asp?lang = gb&DocID = 35450&DocGroupID = 2 (编码体系 = URI)
标识符		7-5062-5603-7(编码体系 = ISBN)
来源		7-5062-5603-7(编码体系 = ISBN)
语种		chi(编码体系 = ISO639-2)
权限	使用权限	上海交通大学校园网
价格		CNY68.00(印刷版)(编码体系 = ISO4217)

范例(8)网络电子图书——析出文章为著录单位

题名		桂花
创建者		(日)茂吕美耶
	责任方式	著
主题		I313.73(编码体系=CLC)
主题		故事—日本—古代—选集(编码体系=CT)
描述	摘要	日本古代传说故事。
出版者		豆瓣网
	出版地	北京
资源类型		电子图书
格式		HTML
	文件大小	30KB
	技术细节	网络浏览器,如 google chrome、IE7 等
标识符		http://site.douban.com/widget/articles/131010/article/10057575/(编码体系=URI)
语种		chi(编码体系=ISO639-2)
关联	包含于	日本百物语
	包含于	http://site.douban.com/widget/articles/131010
时空范围	时间范围	古代
	空间范围	日本
权限	版权拥有者	(日)茂吕美耶
	使用权限	本作品版权受法律保护。除非作品正文中另有声明,没有作者本人的书面许可,任何人不得转载或使用整体或任何部分的内容。

范例(9)网络电子图书——整体为著录单位

题名		日本百物语
创建者		(日)茂吕美耶
	责任方式	著
主题		I313.73(编码体系 = CLC)
主题		故事—日本—古代—选集(编码体系 = CT)
描述	摘要	日本传说故事
	目次	1,雪女;2,无脸人;3,二十年的空白;4,鳗鱼之怪……
出版者		豆瓣网
	出版地	北京
日期	出版日期	2010—
资源类型		电子图书
格式		HTML
标识符		http://site.douban.com/widget/articles/131010/?start = 0(编码体系 = URI)
语种		chi(编码体系 = ISO639-2)
关联	包含	http://site.douban.com/widget/articles/131010/article/10076990/(编码体系 = URI)
	包含	http://site.douban.com/widget/articles/131010/article/10057575/(编码体系 = URI)
	包含	http://site.douban.com/widget/articles/131010/article/10056618/(编码体系 = URI)
	包含	[其他省略]
时空范围	时间范围	古代
	空间范围	日本
权限	版权拥有者	(日)茂吕美耶
	使用权限	本作品版权受法律保护。除非作品正文中另有声明,没有作者本人的书面许可,任何人不得转载或使用整体或任何部分的内容。
版本		试读版

范例(10)网络电子图书——双语对照

题名		阴阳师安倍晴明
创建者		(日)茂吕美耶
	责任方式	著
主题		I313.73(编码体系=CLC)
主题		故事—日本—古代—选集(编码体系=CT)
描述	摘要	介绍日本传说人物——安倍晴明
出版者		豆瓣网
	出版地	北京
日期	出版日期	2010
资源类型		电子图书
格式		HTML
	文件大小	42931KB
	技术细节	阅读软件:Foxit
标识符		http://site.douban.com/widget/articles/63984/article/10026995/(编码体系=URI)
语种		chi(编码体系=ISO639-2)
语种		jpn(编码体系=ISO639-2)
关联	包含于	一番日本语
时空范围	时间范围	古代
	空间范围	日本
权限	版权拥有者	(日)茂吕美耶
	使用权限	本作品版权受法律保护。除非作品正文中另有声明,没有作者本人的书面许可,任何人不得转载或使用整体或任何部分的内容。

范例(11)网络电子图书——多个资源形式

题名		杜拉拉升职记
创建者		李可
	责任方式	著
主题		I247. 57(编码体系 = CLC)
主题		长篇小说—中国—当代(编码体系 = CT)
描述	摘要	小说的主人公杜朝阳是典型的中产阶级代表,她没有背景,受过较好的教育,靠个人奋斗获取成功。小说中拉拉在外企的经历跨度八年,拉拉从一个朴实的销售助理,成长为一个专业干练的 HR 经理,见识了各种职场变迁,也历经了各种职场磨炼。
	目次	引子. 三个月的民企生涯 01. 忠诚源于满足 02. 单相思与性骚扰的区别 03. 老板心中谁更重要 04. 和上司要保持一致 ……
出版者		陕西师范大学出版社
	出版地	西安
日期	出版日期	2007
资源类型		电子图书
格式		HTML
标识符		http://www. ifanshu. com/book/1830/index. html(编码体系 = URI)
来源		978-7-5613-3912-1(编码体系 = ISBN)
语种		chi(编码体系 = ISO639-2)
关联	其他格式	http://book. qq. com/s/book/0/11/11185/(编码体系 = URI)
	其他格式	blogimg. chinaunix. net/blog/upfile2/090212003600. pdf(编码体系 = URI)
权限	使用权限	开放使用
价格		CNY26. 00(印刷版)(编码体系 = ISO4217)
书评		文章以小说形式介绍管理学知识,语言内容有专业知识,也让非专业人士看得懂,人物形象塑造现实而饱满,不是那种故事性很强的小说,人在外企中的工作生活本来就有利己的原因,也算实现自我价值的需要。杜拉拉乐观上进,但是也有为了自己在公司长久发展而做出的埋没其他人才的刻薄手段;王伟在业务够突出,风度方面也够绅士,终究还是犯了“桃花劫”,其他各位高层主管的做法也是千姿百态,每个人有正面有负面,感觉得出来是现实生活中的正常人,不是那种“符号性”的挂在墙上的人物。

范例(12)西文电子图书——有馆藏

题名		Pseudomonas syringae pathovars and related pathogens: identification, epidemiology and genomics
创建者		Fatmi, M'Barek
	责任方式	著
主题		S33(编码体系 = CLC)
主题		植物育种(编码体系 = CT)
描述		有参考文献
	目次	Part I, Identification and Detection; Part II, Epidemiology and Disease Management; Part III, Pathogenesis and Determinants of Pathogenicity; Part IV, Genomics and Molecular Characterization; Part V, Taxonomy and Evolution; Part VI, New Emerging Pathogens.
出版者		Springer
	出版地	Netherlands
其他责任者		Collmer, Alan
	责任方式	编
其他责任者		Iacobellis, Nicola Sante
	责任方式	编
日期	出版日期	2008
资源类型		电子图书
格式		PDF
	文件大小	348.3KB
	页码	433 页
	技术细节	阅读软件:Foxit
	技术细节	阅读软件:Adobe Reader
标识符		10.1007/978-1-4020-6901-7(编码体系 = DOI)
标识符		978-1-4020-6901-7(编码体系 = ISBN)
语种		eng(编码体系 = ISO639-2)
关联	包含于	Biomedical and Life Sciences
	其他格式	978-1-4020-6900-0(编码体系 = ISBN)①
权限	版权拥有者	Springer
	使用权限	遵循国家图书馆相关政策

① DC图书馆应用纲要的注释提到"来源元素只用于被描述资源是由非数字化形式转为数字化形式;其他情况下用关联元素",而Spinger出版集团目前的生产环节把印刷版和电子版文献结合在一起,无论图书和期刊都同时有印刷版和电子版两种形式同时出版发行(www.sciencenet.cn/Springer/list.aspx? id = 10.2011-4-29)。由于是同时出版的,因此印刷版被视为电子版的其他格式,而非来源。

范例(13)西文电子图书

题名		Heterocyclic scaffolds. II, reactions and applications of indoles
创建者		Gribble, Gordon W.
	责任方式	编
主题		O62(编码体系 = CLC)
主题		杂环化学(编码体系 = CT)
出版者		Springer
	出版地	Berlin; Heidelberg
日期	出版日期	2011
资源类型		电子图书
格式		PDF
	页码	487 页
	技术细节	阅读软件:Foxit
	技术细节	阅读软件:Adobe Reader
标识符		978-3-642-15732-5(编码体系 = ISBN)
标识符		http://dx.doi.org/10.1007/978-3-642-15733-2(编码体系 = DOI)
语种		eng(编码体系 = ISO639-2)
关联	包含于	1861-9290(编码体系 = ISSN)
	其他格式	978-3-642-15733-2(编码体系 = ISBN)
权限	版权拥有者	Springer
	使用权限	上海交通大学校园网

范例(14)西文电子图书

题名		Synthesis of heterocycles via cycloadditions. II
创建者		Hassner, Alfred
	责任方式	编
主题		O62(编码体系 = CLC)
		杂环化学(编码体系 = CT)
出版者		Springer
	出版地	Berlin; Heidelberg
日期	出版日期	2008
资源类型		电子图书
格式		PDF
	页码	218 页
	技术细节	阅读软件:Adobe Reader
	技术细节	阅读软件:Foxit
标识符		978-3-540-78373-2(编码体系 = ISBN)
标识符		http://dx. doi. org/10. 1007/978-3-540-78373-2(编码体系 = DOI)
语种		eng(编码体系 = ISO639-2)
关联	包含于	1861-9290(编码体系 = ISSN)
	其他格式	978-3-540-78372-5(编码体系 = ISBN)
权限	版权拥有者	Springer
	使用权限	上海交通大学校园网

范例(15)手机电子图书

题名		101 种果蔬汁治疗配方
	交替题名	恢复身体健康与活力的方法
创建者		梁彼德
	责任方式	著
主题		R247.1(编码体系 = CLC)
主题		果汁饮料—食物疗法(编码体系 = CT)
主题		蔬菜—饮料—食物疗法(编码体系 = CT)
描述	摘要	本书列举了 101 种榨汁配方,它们都有助于增强你身体的能量和恢复你身体的健康。新鲜水果汁和蔬菜汁能提供多种浓缩的维生素和矿物质,不但味道鲜美,做法也很简单。 本书中不但有适合在炎热天气饮用的水果汁,也有适合冬季里饮用的混合汁,它们都含有多种具有清洁、恢复和保护身体的营养素。“健康指南”这部分为你介绍了喝汁的治疗作用,它们对 40 种特殊的疾病具有很好的治疗效果,包括感冒、失眠症和哮喘等,而“喝汁节食”这一实用部分为你详细介绍水果和蔬菜中所含的各种维生素和矿物质对人体益处,以及该喝什么样的汁及如何喝汁等常识。两种喝汁禁食计划向你展示了如何将喝汁结合到你的日常饮食和生活方式中,让它为你提供各种所需的营养,让你获得最佳的健康。
	目次	第一部分,有关果蔬汁的一些事实;第二部分,榨汁的配方;第三部分,健康指南;第四部分,榨汁计划
出版者		中国轻工业出版社
	出版地	北京
日期	出版日期	2004
资源类型		电子图书
格式		application/exe
	文件大小	5KB
	技术细节	熊猫看书等手机阅读器软件
标识符		http://zcomcdl.zcominc.com/union/ZcomMagSubscribe-200-7271.exe(编码体系 = URI)
来源		978-7-5019-4609-9(编码体系 = URI)
语种		chi(编码体系 = ISO639-2)
关联	其他格式	http://vip.book.sina.com.cn/book/index_37305.html(编码体系 = URI)
权限	使用权限	开放使用

参考文献

[1] 国外元数据标准比较研究报告. http://www. idl. pku. edu. cn/pdf/metadata1. pdf

[2] 陈幼华,郑巧英. 关于电子图书馆描述元数据方案的思考. 现代图书情报技术,2004(9)

[3] 程军. 针对电子图书的元数据标准. 图书情报工作,2002(7)

[4] 曾婷等. 电子图书元数据研究. 图书情报工作,2003(8)

[5] 楼宏青. 我国中文电子图书发展状况及其对图书馆的影响. 图书馆论坛,2003(6)

[6] 张敏,张晓林. 元数据的发展和相关格式. 四川图书馆学报,2002(2)

[7] 唐光前. 开放式电子图书出版结构(OEBPS)规范的解析. 图书情报工作,2002(5)

[8] 吴建中. DC 元数据. 上海:上海科学技术文献出版社,2000

[9] Dublin Core Metadata Initiative (DCMI). DCMI Metadata Terms. http://dublincore. org/documents/dcmi-terms/

[10] 上海图书馆. 都柏林核心元数据中文网. http://dc. library. sh. cn

[11] 国家图书馆元数据总则项目组. 国家图书馆核心元素集标准,2011

[12] 国家图书馆元数据总则项目组. 国家图书馆专门元数据设计规范设计指南,2011

[13] 顾犇. 国际标准书目著录(ISBD)统一版. 第 1 版. 北京:国家图书馆出版社,2008

[14] 国家图书馆《中国文献编目规则》修订组. 中国文献编目规则第 2 版. 北京:北京图书馆出版社(今国家图书馆出版社),2005

后　记

随着数字技术的飞速发展,图书的数字化出版趋势越来越显著。伴随图书馆引进或自建电子书数量的增加,以及越来越多的电子书进入人们的阅读视野,描述、定位、揭示、管理电子图书的需求自然浮现。在此背景之下,一些致力于解决上述电子图书描述、管理等问题的电子图书元数据标准项目纷纷立项,以期解决实际应用中的问题。

2003 年,国家科技部重大基础课题“我国数字图书馆标准与规范建设”子项目“专门数字对象描述元数据规范”立项。上海交通大学图书馆元数据工作组承担了其中的“电子图书描述元数据规范”和“音频数据元数据规范”的研制工作,并按要求提交了研制成果。其后,上海交通大学图书馆承担了上海市哲学社会科学规划课题“信息资源基础管理性元数据框架研究”、“国家图书馆管理元数据规范”的建设工作,在元数据标准规范研制方面打下了较深厚的基础。

2009 年 7 月,在之前相关元数据规范研制的基础上,上海交通大学图书馆顺利承接了“国家图书馆专门元数据标准与著录规范——电子图书”项目的建设任务,组建了以郑巧英副馆长为组长,陈幼华、彭佳、张洁、王绍平、曲建峰、汤莉华、兰小媛等组成的工作组。“电子图书元数据规范”是国家数字图书馆标准规范建设主导项目中专门元数据规范子项目之一,要求承接方根据《国家图书馆元数据应用规范》和《国家图书馆专门元数据设计规范》分析电子图书资源,确定元数据结构(包括元数据基本结构、著录层级结构和著录关联结构)、扩展原则和元素定义,制定元数据规范与著录规则,并提供著录范例;元数据应包含描述、管理和结构型信息;规范须遵循《国家图书馆元数据应用规范》《国家图书馆专门元数据设计规范》,元数据的定义方法参照《ISO/IEC 11179:元数据注册系统》,规范文档的书写标准参照《GB/T1.1—2000:标准化工作导则第一部分:标准的结构和编写规则》;规范应保持与国家图书馆数字资源元数据总则、唯一标识符、对象数据、长期保存等项目相关成果的一致性;规范应能够与科技部《我国数字图书馆标准与规范建设》、CALIS《中国高等教育数字图书馆技术标准与规范》等标准规范保持合理的一致性;规范应充分考虑元数据创建者需求、元数据管理者需求、元数据使用者需求及电子图书资源对象的特性,在其间做最佳平衡和组配,以满足各方、各层次的需求,具备较广泛的适用性和可操作性。

根据项目要求,上海交通大学图书馆电子图书元数据工作组在着手标准规范研制之前到国家图书馆开展了实际需求调研工作,了解了国家图书馆电子图书元数据标准规范的应用需求;同时,对已有的电子图书元数据标准规范进行了全面的文献调研,并形成了正式的文献调研报告,力求博采众长,高水平地完成项目研制任务。在需求调研及文献调研的基础之上,依据《国家图书馆元数据应用规范》《国家图书馆核心元数据标准》和《国家图书馆专门元数据设计规范》,电子图书元数据工作组确定了核心元素、电子图书资源个别元素的两级结构,设计了 15 个核心元素(25 个元素修饰词)、4 个电子图书资源个别元素;各个层次元素及元素修饰词的研制,主要基于对电子图书资源内容及外观特征的分析,及对国家图书馆电子图书描述、揭示、使用之需求调研结果;同时参考了国家标准 GB/T 25100—2010《信息与文献——都柏林核心元数据元素集》、ANSI/NISO Z39.85—2007《都柏林核心元数据元素集》(ISSN:1041-5635)、都柏林核心元数据计划(The Dublin Core Metadata Initiative, DCMI)发布的《都柏林核心元数据元素集》1.1 版(2008-01-14)、RFC 5013《都柏林核心元数据元素集》及科技部科技基础性工作专项资金重大项目"我国数字图书馆标准与规范建设"子项目"专门数字对象描述元数据规范"的研究成果。项目成果包含三项内容:《国家图书馆电子图书元数据规范》《国家图书馆电子图书元数据著录规则》《国家图书馆电子图书元数据著录范例》。

2009 年 10 月 30 日,电子图书元数据工作组向国家图书馆子项目组提交了《电子图书元数据规范》征求意见稿。其后,与国图子项目组经过多次意见征询,工作组进行了十余次的文稿修改。2011 年 5 月通过子项目组验收;2011 年 6 月 9 日通过电子图书馆内专家组验收;2011 年 9 月 20 日至 10 月 4 日完成了项目成果的网站公开质询;2011 年 11 月 28 日通过国内业界专家验收,至此该项目全部完成。

这次结集成书的正是该项目的研究成果。规范由陈幼华、郑巧英、曲建峰撰写,著录规则和著录范例由郑巧英、彭佳、张洁、李芳撰写;王绍平老师则在项目进行过程中一直给予指导和大力帮助。国家图书馆梁蕙玮、萨蕾、王洋、刘晓玲多次对全稿进行审查,提出修改意见并参与修改。

在规范的研制过程中,得到了国家图书馆汪东波、苏品红、高红、申晓娟、毛雅君、顾犇、李春明、富平、周晨等专家、同仁的帮助与支持,也得到清华大学图书馆姜爱蓉、中国科学技术信息研究所沈玉兰、中国科学院国家科学图书馆张建勇等的多方帮助,在此致以诚挚的谢意。